Panorama

Deutsch als Fremdsprache

Meike Wilken

A 1

Testheft

Cornelsen

Testheft A1

Im Auftrag des Verlages erarbeitet von
Meike Wilken

Redaktion: Kathrin Sokolowski, Andrea Mackensen
Projektleitung: Gertrud Deutz

Umschlaggestaltung: Rosendahl Berlin, Agentur für Markendesign
Layout: Klein & Halm Grafikdesign, Berlin
Technische Umsetzung: zweiband.media, Berlin
Illustrationen: Bianca Schaalburg, Tanja Székessy (S. 8, 33, 41)

Symbole

 Hörtext auf CD

Soweit in diesem Lehrwerk Personen fotografisch abgebildet sind und ihnen von der Redaktion fiktive Namen, Berufe, Dialoge und Ähnliches zugeordnet oder diese Personen in bestimmte Kontexte gesetzt werden, dienen diese Zuordnungen und Darstellungen ausschließlich der Veranschaulichung und dem besseren Verständnis des Inhalts.

www.cornelsen.de

Die Webseiten Dritter, deren Internetadressen in diesem Lehrwerk angegeben sind, wurden teilweise von Cornelsen mit fiktiven Inhalten zur Veranschaulichung und/oder Illustration von Aufgabenstellungen und Inhalten erstellt. Alle anderen Webseiten wurden vor Drucklegung sorgfältig geprüft. Der Verlag übernimmt keine Gewähr für die Aktualität und den Inhalt dieser Seiten oder solcher, die mit ihnen verlinkt sind.

1. Auflage, 3. Druck 2023

Alle Drucke dieser Auflage sind inhaltlich unverändert und können im Unterricht nebeneinander verwendet werden.

© 2015 Cornelsen Schulverlag GmbH, Berlin
© 2022 Cornelsen Verlag GmbH, Berlin

Das Werk und seine Teile sind urheberrechtlich geschützt.
Jede Nutzung in anderen als den gesetzlich zugelassenen Fällen bedarf der vorherigen schriftlichen Einwilligung des Verlages.
Hinweis zu §§ 60a, 60b UrhG: Weder das Werk noch seine Teile dürfen ohne eine solche Einwilligung an Schulen oder in Unterrichts- und Lehrmedien (§ 60b Abs. 3 UrhG) vervielfältigt, insbesondere kopiert oder eingescannt, verbreitet oder in ein Netzwerk eingestellt oder sonst öffentlich zugänglich gemacht oder wiedergegeben werden. Dies gilt auch für Intranets von Schulen.

Druck: Esser printSolutions GmbH, Bretten

ISBN 978-3-06-120487-7

Inhalt

	Vorwort	4
1	Willkommen!	8
2	Name, Adresse, Beruf	10
3	Was ist das?	12
4	Und heute: Shoppen!	14
5	Tanzen oder wandern?	16
6	Familie & Freunde	18
7	Kaffee oder lieber Schokolade?	20
8	Termine, Termine …	22
1–8	Gesamttest	24
9	Mit dem Auto oder zu Fuß?	28
10	In der Firma	30
11	Mein Zuhause	32
12	Gesund und fit	34
13	Andere feiern, ich arbeite.	36
14	T-Shirt oder Pullover?	38
15	Geradeaus bis zur Ampel	40
16	Endlich Urlaub!	42
9–16	Gesamttest	44

Modelltest Start Deutsch 1	48
Modelltest Antwortbogen	56
Hörtexte	57
Lösungen	64
Bildquellenverzeichnis	71
Inhalt CD	72

Vorwort

Liebe Deutschlehrende, liebe Deutschlernende,

das Lehrwerk PANORAMA richtet sich an erwachsene Lernende ohne Vorkenntnisse, die im In- und Ausland Deutsch lernen. Der Name ist Programm: PANORAMA öffnet inhaltlich wie medial den Blick für die deutsche Sprache und die Kultur der deutschsprachigen Länder. Es führt in drei Gesamt- bzw. in sechs Teilbänden zu den Niveaustufen A1, A2 und B1 des Gemeinsamen europäischen Referenzrahmens.

Das Testheft

umfasst 16 einheitsbezogene Tests, zwei Gesamttests sowie einen Modelltest zur Vorbereitung auf die Prüfung *Start Deutsch 1*.

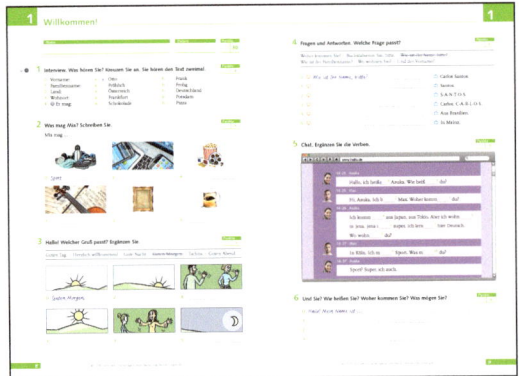

16 Tests beziehen sich auf je eine Kursbucheinheit. Auf je zwei Seiten werden die zentralen Sprachhandlungen der Einheiten 1 bis 16 geprüft. Jeder Test besteht aus den Testteilen Hörverstehen, Wortschatz, Lesen, Grammatik und Schreiben.

Insgesamt können Sie für die erfolgreiche Durchführung eines einheitsbezogenen Tests ca. 30 Minuten einplanen. Die Gesamtpunktzahl beträgt 30 Punkte.

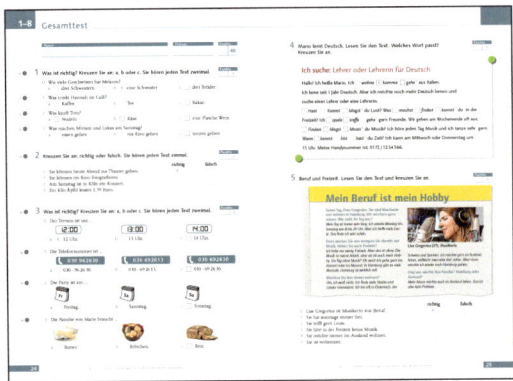

Zwei Gesamttests fassen den Lernstoff von jeweils einem Teilband PANORAMA A1.1 und A1.2 zusammen. Die vierseitigen Tests prüfen das erworbene Sprachwissen aus den Einheiten 1 bis 8 bzw. 9 bis 16. Die Aufgabenformate orientieren sich an der Aufgabentypologie der Prüfung *Start Deutsch 1*.

Sie benötigen für die Durchführung ca. 60 Minuten. Die Gesamtpunktzahl beträgt 40 Punkte.

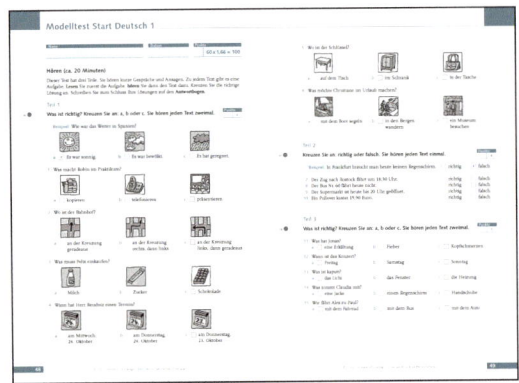

Abschließend bereitet ein Modelltest gezielt auf die Prüfung *Start Deutsch 1* vor. Hier besteht die Möglichkeit, die erworbenen Sprachkenntnisse unter Prüfungsbedingungen zu testen.

Die Prüfung besteht aus einer schriftlichen Einzelprüfung und einer mündlichen Gruppenprüfung. Die schriftliche Einzelprüfung setzt sich aus den Testteilen Hören, Lesen und Schreiben zusammen. Dafür stehen 65 Minuten zur Verfügung. Die mündliche Prüfung nimmt ca. 15 Minuten ein.

Hinweise zur Durchführung

Für die Durchführung der Tests werden folgende Zeiten empfohlen:
Tests 1 bis 16   30 Minuten
Gesamttests 1 bis 8 und 9 bis 16   60 Minuten
Modelltest *Start Deutsch 1*   80 Minuten

Testteil Hören

Sämtliche Tests beginnen mit den Aufgaben zum Hörverstehen. Planen Sie ausreichend Zeit ein für das Lesen der Fragen und Aufgaben vor und nach dem Hören. Die Hörtexte sollen i.d.R. **zweimal** abgespielt werden. Die Gesamttests und der Modelltest beinhalten jedoch auch Aufgaben, zu denen die Hörtexte (kurze monologische Ansagen) nur **einmal** gehört werden.

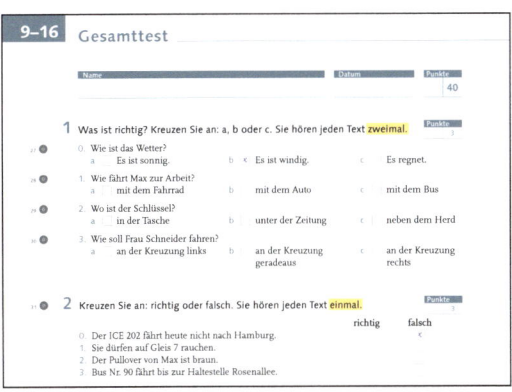

Testteil Sprechen

Die mündliche Prüfung im Modelltest *Start Deutsch 1* wird als Gruppenprüfung mit maximal vier Teilnehmenden durchgeführt. Der Testteil Sprechen besteht aus drei Testformen:

Teil 1 – Monologisch: Alle Prüfungsteilnehmenden stellen sich nacheinander vor. Sie können sich an den Stichworten auf dem Aufgabenblatt orientieren.

Teil 2 – Dialogisch: Alle Prüfungsteilnehmenden ziehen jeweils zwei Handlungskarten mit einem Stichwort zu einem Thema. Sie stellen einander reihum Fragen und beantworten sie. Die Dialoge werden in zwei Runden gespielt.

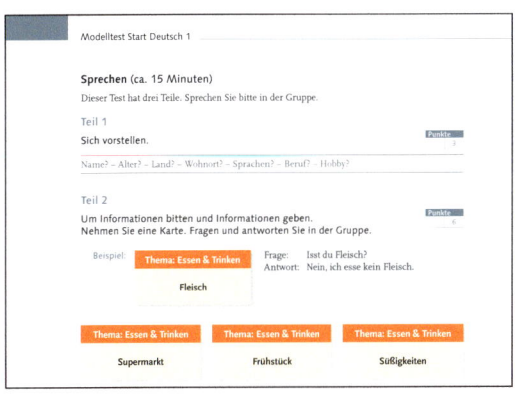

Teil 3 – Dialogisch: Der Ablauf ist derselbe wie in Teil 2 mit dem Unterschied, dass auf den Handlungskarten Alltagsgegenstände abgebildet sind. Die Prüfungsteilnehmenden formulieren reihum Bitten bzw. reagieren darauf. Auch hier werden zwei Runden Bitten und Antworten durchgespielt.

Es empfiehlt sich, jeweils ein Beispiel zu zeigen. Darüber hinaus greifen Deutschlehrende nur ein, wenn die Gespräche für längere Zeit stocken.

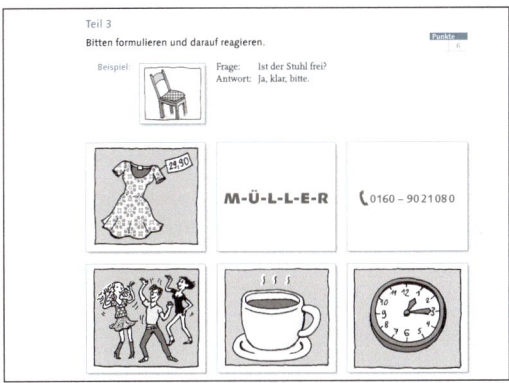

Vorwort

Testziele und Lösungen

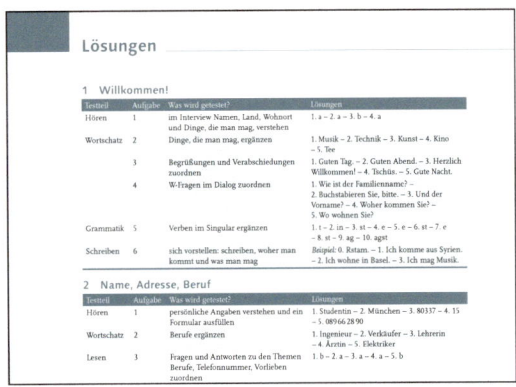

Im Anschluss an die Tests finden Sie die Lösungen sämtlicher Testaufgaben (S. 64–70).
Für die Testteile Schreiben und Sprechen werden an dieser Stelle Beispiellösungen angeboten.
Ergänzend enthalten die Übersichtstabellen eine detaillierte Beschreibung der Testziele zu allen Testaufgaben. Die Testziele entsprechen den Lernzielen der Kursbucheinheiten und dienen einer gezielten Vorbereitung auf die Tests.

Bewertungen

In den Tests können folgende Gesamtpunktzahlen erreicht werden:

Tests 1 bis 16   30 Punkte
Gesamttests 1 bis 8 und 9 bis 16   40 Punkte
Modelltest *Start Deutsch 1*   60 x 1,66 = 100 Punkte

Für einen gelungenen Test sollten mindestens 60 Prozent der Gesamtpunktzahl erreicht werden.

Einheitsbezogene Tests

Die Tests 1 bis 16 prüfen jeweils gezielt den Lernerfolg einer Einheit. Entsprechend der Lernziele und Schwerpunkte jeder Einheit sind die Testteile unterschiedlich gewichtet.

Im Testteil Schreiben werden kurze E-Mails, Textnachrichten und Bildbeschreibungen von drei bis vier Sätzen verfasst. Für jeden Satz können maximal 2 Punkte erreicht werden.

Alle Tests 1 bis 16 sind bei einem Ergebnis von **mindestens 18 Punkten** (= 60 %) bestanden.

Gesamttests 1 bis 8 und 9 bis 16

Testteil		Punkte	Gesamtpunkte	Gewichtung
Hören	Teil 1	3	9	22,5 %
	Teil 2	3		
	Teil 3	3		
Grammatik & Wortschatz		5	5	12,5 %
Lesen	Teil 1	5	10	25 %
	Teil 2	5		
Schreiben	Teil 1	6	16	40 %
	Teil 2	10		
Gesamt			**40**	**100 %**
Bestanden ab			24	60 %

Modelltest *Start Deutsch 1*

Testteil		Punkte	Gesamtpunkte	Gewichtung
Hören	Teil 1	6	15 x 1,66	25 %
	Teil 2	4		
	Teil 3	5		
Lesen	Teil 1	5	15 x 1,66	25 %
	Teil 2	5		
	Teil 3	5		
Schreiben*	Teil 1	5	15 x 1,66	25 %
	Teil 2	10		
Sprechen*	Teil 1	3	15 x 1,66	25 %
	Teil 2	6		
	Teil 3	6		
Gesamt			60 x 1,66	100 %
Bestanden ab			60	60 %

* Im Testteil Schreiben können folgende Punktzahlen erreicht werden:
  Teil 1 – ein Formular ausfüllen: 1 Punkt pro richtig ausgefülltes Feld
  Teil 2 – eine Nachricht verfassen: 3 Punkte pro Inhaltspunkt + 1 Punkt für Textsortenspezifik

* Im Testteil Sprechen können die folgenden Punkte in den drei Teilen erreicht werden:
  Teil 1 – sich vorstellen: 3 Punkte
  Teil 2 – Handlungskarten: 2 Punkte pro Frage, 1 Punkt pro Antwort
  Teil 3 – Handlungskarten: 2 Punkte pro Bitte, 1 Punkt pro Reaktion

Transkripte der Hörtexte

Im letzten Abschnitt des Testheftes finden Sie die Transkripte der Hörtexte. Die beiliegende Audio-CD enthält alle Audiotracks zu den Testteilen Hören.

Wir wünschen Ihnen viel Spaß und Erfolg beim Lernen und Testen
mit dem PANORAMA Testheft A1!

1 Willkommen!

Name	Datum	Punkte
		30

1 Interview. Was hören Sie? Kreuzen Sie an. Sie hören den Text zweimal.

Punkte 4

0. Vorname: a [x] Otto b [ ] Frank
1. Familienname: a [ ] Fröhlich b [ ] Frolig
2. Land: a [ ] Österreich b [ ] Deutschland
3. Wohnort: a [ ] Frankfurt b [ ] Potsdam
4. ☺ Er mag: a [ ] Schokolade b [ ] Pizza

2 Was mag Mia? Schreiben Sie.

Punkte 5

Mia mag …

0. Sport
1. _____
2. _____
3. _____
4. _____
5. _____

3 Hallo! Welcher Gruß passt? Ergänzen Sie.

Punkte 5

Guten Tag. – Herzlich willkommen! – Gute Nacht. – ~~Guten Morgen.~~ – Tschüs. – Guten Abend.

0. Guten Morgen.
1. _____
2. _____
3. _____
4. _____
5. _____

4 Fragen und Antworten. Welche Frage passt?

Punkte 5

Woher kommen Sie? – Buchstabieren Sie, bitte. – ~~Wie ist Ihr Name, bitte?~~ – Wie ist der Familienname? – Wo wohnen Sie? – Und der Vorname?

0. 💬 *Wie ist Ihr Name, bitte?* — Carlos Santos.
1. 💬 _____ — Santos.
2. 💬 _____ — S-A-N-T-O-S.
3. 💬 _____ — Carlos. C-A-R-L-O-S.
4. 💬 _____ — Aus Brasilien.
5. 💬 _____ — In Mainz.

5 Chat. Ergänzen Sie die Verben.

Punkte 5

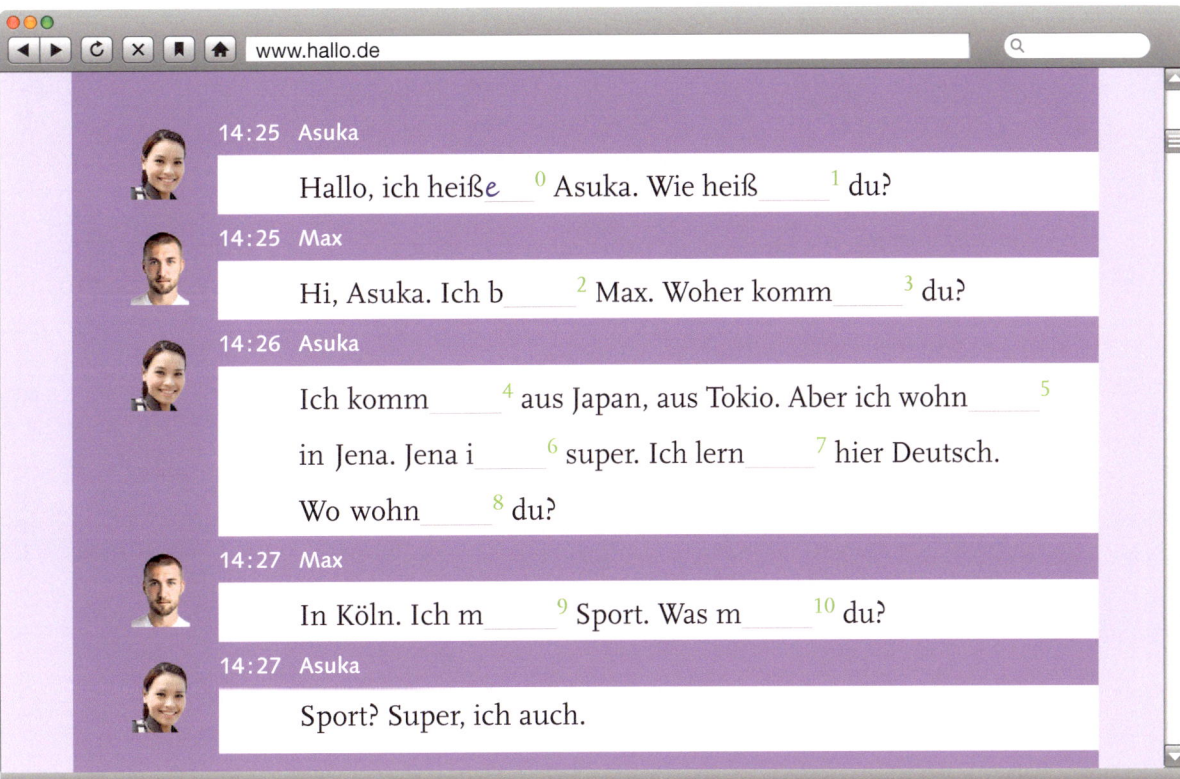

14:25 Asuka
Hallo, ich heiß*e*⁰ Asuka. Wie heiß____¹ du?

14:25 Max
Hi, Asuka. Ich b____² Max. Woher komm____³ du?

14:26 Asuka
Ich komm____⁴ aus Japan, aus Tokio. Aber ich wohn____⁵ in Jena. Jena i____⁶ super. Ich lern____⁷ hier Deutsch. Wo wohn____⁸ du?

14:27 Max
In Köln. Ich m____⁹ Sport. Was m____¹⁰ du?

14:27 Asuka
Sport? Super, ich auch.

6 Und Sie? Wie heißen Sie? Woher kommen Sie? Was mögen Sie?

Punkte 6

0. *Hallo! Mein Name ist …*
1. _____
2. _____
3. _____

2 Name, Adresse, Beruf

Name	Datum	Punkte
		30

1 Im Hotel. Was hören Sie? Ergänzen Sie das Formular. Sie hören zweimal. Punkte 5

Hotel Schiller · Baumweg 15 · 53111 Bonn

Monika
Vorname

Wagner
Name⁰

_____
Postleitzahl ³

_____
Beruf ¹

Augsburger Straße
Straße

_____
Hausnummer ⁴

_____
Ort ²

_____
Telefonnummer ⁵

2 Was sind die Personen von Beruf? Ergänzen Sie. Punkte 5

0. Ich bin *Musikerin* .

1. Herr Weber ist _____ .

2. Herr Blum ist _____ .

3. Frau Müller ist _____ .

4. Frau Emsig ist _____ .

5. Michael ist _____ .

3 Fragen und Antworten. Welche Antwort passt? Kreuzen Sie an. Punkte 5

0. Hallo, wie geht´s? — a ☐ Mangoeis? Nein, danke! — b ☒ Super, danke!

1. Wie geht es Ihnen? — a ☐ Nein, danke! — b ☐ Gut. Und Ihnen?

2. Was machen Sie? — a ☐ Ich arbeite als Busfahrer. — b ☐ Ich bin neu hier.

3. Wie ist Ihre Telefonnummer? — a ☐ 030 3686 1868. — b ☐ Mogstraße 14.

4. Mögen Sie Österreich? — a ☐ Ja, ich mag Österreich. — b ☐ Ja, das stimmt.

5. Lernen Sie Deutsch? — a ☐ Ja, ich lerne Englisch. — b ☐ Nein, ich lerne Englisch.

4 Interview „Neu in Leipzig". Was ist richtig? Lesen Sie und kreuzen Sie an.

Punkte 5

Neu in Leipzig

Herr Schmidt, was sind Sie von Beruf?
Ich arbeite als Programmierer bei Netzwerk in Leipzig.

Woher kommen Sie?
Aus München. Aber ich wohne jetzt in Leipzig.

Wie geht es Ihnen in Leipzig?
Sehr gut! München ist schön. Ich mag München, aber Leipzig ist auch super.

Tobias Schmidt (34)

	richtig	falsch
0. Herr Schmidt arbeitet in Leipzig.	x	
1. Er ist Programmierer von Beruf.		
2. Er arbeitet bei Netzwerk.		
3. Er kommt aus Leipzig.		
4. Er mag München nicht.		
5. Er mag Leipzig nicht.		

5 Neu hier. Ergänzen Sie die Verben.

Punkte 4

💬 Hallo, Frau Hofer! Das s*ind* ⁰ Frau Kronberger und Herr Schneider.

Sie s_____ ¹ neu hier.

👍 Angenehm! Woher komm_____ ² Sie?

💬 Wir komm_____ ³ aus Österreich. Ich komm_____ ⁴ aus Wien und Herr Schneider aus Innsbruck.

👍 Und was mach_____ ⁵ Sie?

💬 Wir arbeit_____ ⁶ hier als Ingenieure.

👍 Wohn_____ ⁷ Sie auch in Berlin?

💬 Ja, in Berlin-Charlottenburg. Wir mög_____ ⁸ Berlin sehr gern.

6 Wer sind Thomas und Astrid? Schreiben Sie drei Sätze.

Punkte 6

Thomas & Astrid Berger

Wohnort: Hamburg
Beruf: Reinigungskräfte
Firma: Loftrein
Hobbys: Musik, Sport

0. *Das sind Thomas und Astrid Berger.*
1. _____
2. _____
3. _____

11

3 Was ist das?

Name	Datum	Punkte
		30

1 Alt oder neu? Hören Sie und kreuzen Sie an. Sie hören den Text zweimal. **Punkte 5**

0. Die Kamera ist ...   a ☐ modern.   b ☒ nicht modern.
1. Die Kamera kostet ....   a ☐ 59 Euro.   b ☐ 90 Euro.
2. Die Uhr ist ...   a ☐ alt.   b ☐ neu.
3. Die Uhr kostet ...   a ☐ 350 Euro.   b ☐ 315 Euro.
4. Der Computer ist ...   a ☐ schnell.   b ☐ nicht schnell.
5. Der Computer kostet ...   a ☐ 800 Euro.   b ☐ 80 Euro.

2 Plural: viele Dinge. Was sehen Sie? Schreiben Sie. **Punkte 6**

0. Hier sind *Bücher*.
1. Hier sind _____.   4. Hier sind _____.
2. Hier sind _____.   5. Hier sind _____.
3. Hier sind _____.   6. Hier sind _____.

3 Interessante Dinge aus Deutschland. Was ist richtig? Lesen Sie und kreuzen Sie an. **Punkte 4**

Klein, aber teuer!

Er ist sehr teuer: 7500 €. Und er ist klein. Er kommt aus Deutschland und heißt *Masterstück*. Sie fragen: Was ist das? Ist das ein Computer? Aber ein Computer ist nicht klein. Die Antwort ist: Das ist ein Füller von *Schreibfreunde*. Er ist elegant und modern, aber er ist nicht billig.

	richtig	falsch
0. *Masterstück* ist ein Computer.	☐	☒
1. Die Firma heißt *Schreibfreunde*.	☐	☐
2. Er kommt aus Deutschland.	☐	☐
3. Er ist billig.	☐	☐
4. Er ist klein.	☐	☐

4 Definiter oder indefiniter Artikel? Kreuzen Sie an.

Punkte: 5

💬 Was ist das?
👍 Das ist [x] eine [ ] die Jacke⁰.

💬 Ist [ ] eine [ ] die Jacke¹ neu?
👍 Ja, richtig. Sie ist neu.

💬 Und was ist das? Ist das [ ] ein [ ] das Heft²?
👍 Nein, das ist [ ] ein [ ] das Buch³.

💬 Wie heißt [ ] ein [ ] das Buch⁴?
👍 Es heißt „Momo".

💬 Und das? Ist das [ ] ein [ ] der Stuhl⁵?
👍 Nein, das ist ein Tisch.

5 Über Technik sprechen. Ergänzen Sie er, sie oder es.

Punkte: 4

0. Das Tablet hier ist neu. _Es_ ist sehr modern.

1. Der Computer ist auch neu. _____ ist sehr schnell.

2. Die Maus ist nicht neu, aber _____ funktioniert sehr gut und ist billig.

3. Das Handy ist fantastisch! _____ ist sehr elegant.

4. Sie haben auch Laptops und _____ sind modern und nicht teuer.

6 Über Dinge schreiben. Schreiben Sie drei Sätze.

Punkte: 6

Modell: AT 300
Land: Deutschland
Jahr: 1915
Preis: 250.000 Euro

0. Das ist das Auto AT 300.
1. _____
2. _____
3. _____

4 Und heute: Shoppen!

Name	Datum	Punkte
		30

1 Und heute: Hamburg! Hören Sie und kreuzen Sie an. Sie hören zweimal. Punkte 5

0. Franzi ist in …
   a [x] Hamburg.
   b [ ] Bremen.
   c [ ] Köln.

1. Franzi findet den Hamburger Hafen …
   a [ ] teuer.
   b [ ] interessant.
   c [ ] langweilig.

2. Franzi mag …
   a [ ] das Theater.
   b [ ] das Musical.
   c [ ] das Teehaus.

3. Franzi kauft gern …
   a [ ] Sonnenbrillen.
   b [ ] Kleider.
   c [ ] Hüte.

4. Franzi braucht …
   a [ ] eine Hose.
   b [ ] einen Ring.
   c [ ] einen Hut.

5. Franzi möchte …
   a [ ] eine Tasse Kaffee.
   b [ ] einen Tee und Eis.
   c [ ] einen Traum.

2 Was braucht Jenny? Ergänzen Sie. Punkte 5

Ich brauche einen _USB-Stick_ ⁰,

ein _____ ¹, eine _____ ²,

eine _____ ³, einen _____ ⁴,

ein _____ ⁵ und Schuhe.

3 Mein Wien-Blog. Lesen Sie und kreuzen Sie an. Punkte 5

www.tominwien.blog.de

das Kaffeehaus

das Kunsthistorische Museum

Ich bin schon eine Woche hier. Wien ist wirklich toll: Häfen, Theater, Musicals …
Wer kennt das Kaffeehaus Wiener Hof? Es ist sehr alt und sehr berühmt. Der Kaffee ist ein Traum! Magst du keinen Kaffee? Das Kaffeehaus hat auch Tee und Schokolade.
Shoppen gehen in Wien ist fantastisch! Die Kärntnerstraße ist elegant. Aber Shoppen gehen ist dort leider sehr teuer.
Mein Tipp: die Mariahilferstraße. Sie ist bunt und schön und viele Dinge sind hier günstig.
Magst du Kunst? Das Kunsthistorische Museum ist sehr interessant. Im Museum ist ein Geschäft. Ich denke, ich kaufe dort eine Uhr. Die Uhren sind nicht modern. Aber ich finde sie super.

	richtig	falsch
0. Das Kaffeehaus Wiener Hof ist alt.	x	☐
1. Tom mag Kaffee.	☐	☐
2. Das Kaffeehaus hat keinen Tee.	☐	☐
3. Die Kärntnerstraße ist günstig.	☐	☐
4. Tom findet Kunst interessant.	☐	☐
5. Das Geschäft im Museum hat Uhren.	☐	☐

4 Im Geschäft. Schreiben Sie Fragen und Antworten.

Punkte 4

0. 💬 *Findest du die Uhr nicht schön*? 👍 Doch, ich finde die Uhr schön.
1. 💬 Brauchst du den USB-Stick nicht? 👍 Doch, _____.
2. 💬 _____? 👍 Doch, wir haben Ringe.
3. 💬 Der Radiergummi ist nicht teuer, oder? 👍 Doch, _____.
4. 💬 _____? 👍 Doch, ich kaufe die Schuhe.

5 Verben mit Nominativ und Akkusativ. Ergänzen Sie die Artikel.

Punkte 5

0. 💬 Was kostet d*er* USB-Stick dort? 👍 Er kostet 10 Euro.
1. 💬 Entschuldigung, ich suche ein____ Sonnenbrille. 👍 Gern, wie finden Sie die Brille hier?
2. 💬 Wie findest du d____ Handy? 👍 Es ist schön, aber auch sehr teuer.
3. 💬 Schau mal, d____ Handyhülle. 👍 Ja, sie ist nicht schlecht.
4. 💬 Wir brauchen ein____ Koffer. 👍 Ja, das stimmt.
5. 💬 D____ Batterien sind aber teuer. 👍 Teuer? Das sind viele Batterien. Sie sind billig.

6 Ich bin in … Schreiben Sie eine E-Mail an eine Freundin. Schreiben Sie drei Sätze über eine Stadt.

Punkte 6

An:
Betreff:

Hallo, wie geht es dir? _____

5 Tanzen oder wandern?

Name Datum Punkte 30

1 Freizeit. Was macht Kim gern? Was macht Kim nicht gern?
Hören Sie das Interview und kreuzen Sie an. Sie hören den Text zweimal.

Punkte 5

Kim mag ...

	gern	nicht gern
0. Schwimmen	x	
1. Wandern		
2. Tanzen		
3. Ski fahren		
4. Kochen		
5. Lesen		

2 Hobbys. Was passt? Ordnen Sie die Verben zu.

Punkte 5

laufen – hören – treffen – spielen – fahren – ~~sehen~~

0. einen Film _sehen_
1. Volleyball _____
2. Schlittschuh _____
3. Fahrrad _____
4. Freunde _____
5. Musik _____

3 Hobbys. Lesen Sie die Texte und ordnen Sie die Fotos zu.

Punkte 5

0. Ich habe viele Bücher, aber ich brauche die Bücher nicht. Ein Buch kostet 3 Euro. Wo? Hochstraße 23. — **b**

1. Wir sagen: Sport ist langweilig, aber tanzen ist super! Immer Freitag und Samstag.

2. Finden Sie Fotos schön? Wir haben Kameras. Sie sind modern und günstig.

3. Autos sind schnell, aber teuer. Tipp: Fahrräder sind günstig. Hier nur 199 Euro.

4. Endlich Sommer! Zeit für ein Eis? Nein! Wir schwimmen. Ein Tag kostet nur 4,50 Euro.

5. Magst du Berge? Wir sind Karola und Frank. Wir wandern immer am Sonntag. Hast du auch Lust?

4 Verben mit Vokalwechsel: Sprichst du Deutsch? Ergänzen Sie die Verben.

Punkte / 5

- 💬 Sprichst du Deutsch? 👍 Ja, ich *spreche* ⁰ Deutsch. (*sprechen*)
- 💬 _____ ¹ du lange? 👍 Ja, ich _____ ² immer lange. (*schlafen*)
- 💬 _____ ³ du jeden Tag die Zeitung? 👍 Nein, ich _____ ⁴ nur am Wochenende. Aber Heiko _____ ⁵ jeden Tag die Zeitung. (*lesen*)
- 💬 _____ ⁶ ihr gern Filme? 👍 Ich _____ ⁷ gern Filme, aber Miriam _____ ⁸ nicht gern Filme. (*sehen*)
- 💬 _____ ⁹ du gern Ski? 👍 Oh nein, ich _____ ¹⁰ nicht gern Ski. Ich mag Winter nicht. (*fahren*)

5 Trennbare Verben: Was macht Frank Müller? Schreiben Sie Sätze.

Punkte / 4

Montag	Dienstag	Mittwoch	Donnerstag	Freitag
einkaufen	Frau Sánchez anrufen	aufräumen	Birgit einladen	ausgehen

0. *Am Montag kauft Herr Müller ein.*
1. _____
2. _____
3. _____
4. _____

6 Was machen Studenten gern am Sonntag?
Sehen Sie die Grafik an und schreiben Sie drei Sätze.

Punkte / 6

0. *Nur 8 Prozent sehen am Sonntag fern.*
1. _____
2. _____
3. _____

wegfahren 80%
Bücher lesen 65%
Sport machen 20%
fernsehen 8%

6 Familie & Freunde

Name	Datum	Punkte
		30

1 Meine Familie. Was hören Sie? Kreuzen Sie an. Sie hören den Text zweimal.　　Punkte 5

0. Karola ist …
   a ☐ ledig.
   b ☒ verheiratet.
   c ☐ geschieden.

1. Karola hat eine …
   a ☐ Tochter.
   b ☐ einen Sohn.
   c ☐ zwei Söhne.

2. Karola hat …
   a ☐ einen Bruder.
   b ☐ eine Schwester.
   c ☐ einen Bruder und eine Schwester.

3. Ihre Eltern sind …
   a ☐ ledig.
   b ☐ verheiratet.
   c ☐ geschieden.

4. Karola ist …
   a ☐ Deutsche.
   b ☐ Österreicherin.
   c ☐ Schweizerin.

5. Ihr Mann hat am Freitag …
   a ☐ Zeit.
   b ☐ keine Zeit.
   c ☐ Geburtstag.

2 Ein Familienfoto. Was sagt Marius? Ordnen Sie zu.　　Punkte 5

Geschwister – ~~Familie~~ – verheiratet – Großeltern – Eltern – Kinder

„Hallo, ich heiße Marius und das ist meine *Familie* ⁰. Ich bin _____ ¹. Meine Frau heißt Erika. Ich habe leider keine _____ ², keinen Bruder und keine Schwester. Aber ich habe zwei _____ ³: Kai und Sonja. Sie sind 6 und 7 Jahre alt. Meine _____ ⁴ heißen Harald und Petra. Meine _____ ⁵ heißen Ulla und Volker. Sie sind nicht hier. Sie sind schon sehr alt, 79 und 80 Jahre. Aber sie sind glücklich."

3 Einladung. Lesen Sie die E-Mail und kreuzen Sie an: richtig oder falsch?　　Punkte 5

Betreff: Feier am Samstag

Hallo Sarah und Christoph!
Unser Sohn ist da!!! Er heißt Theo und ist jetzt 14 Tage alt. Sascha und ich sind sehr glücklich! Maike kommt am Samstag. Ihr Mann hat leider keine Zeit. Was macht ihr am Samstag? Kommt ihr auch? Dann sind wir fünf Leute. Und Theo natürlich. ☺
Wir brauchen keine Geschenke, nur gute Laune ☺ und: Bringt ihr einen Stuhl mit? Wir haben nur vier Stühle. Mögt ihr Schokolade? Sascha liebt Schokolade. Ich mache einen Kuchen mit viel Schokolade.
Ich hoffe, ihr habt Zeit!
Liebe Grüße,
Claudia

	richtig	falsch
0. Claudia und Sascha sind jetzt Eltern.	x	
1. Die Feier ist am Samstag.	☐	☐
2. Der Mann von Maike kommt auch.	☐	☐
3. Claudia und Sascha laden fünf Gäste ein.	☐	☐
4. Claudia und Sascha brauchen einen Stuhl.	☐	☐
5. Sascha macht einen Kuchen.	☐	☐

4 Auf der Party. Ergänzen Sie die Personalpronomen im Akkusativ.

Punkte 4

0. 💬 Tolle Party, nicht? Die Musik ist super   👍 Ja, ich finde *sie* auch sehr gut.

1. 💬 Wer ist das? Kennst du den Mann?   👍 Keine Ahnung, ich kenne _____ nicht.

2. 💬 Hast du morgen Zeit?   👍 Ich weiß nicht. Ich rufe _____ noch an.

3. 💬 Schau mal, das Kind ist so süß.   👍 Ja, ich finde _____ auch sehr süß.

4. 💬 Deine Schuhe sind toll.   👍 Danke, ich mag _____ auch.

5 Im Ausland. Ergänzen Sie das Verb *sein* im Präteritum.

Punkte 5

💬 Hallo Karsten, hallo Frauke! Wie geht es euch?

👍 Sehr gut, danke. Wir *waren* ⁰ zwei Wochen in Spanien. Es _____ ¹ sehr schön.
Wie geht es dir? Wo _____ ² du?

💬 Mir geht es auch sehr gut. Ich _____ ³ in Ägypten. _____ ⁴ ihr schon einmal dort?

👍 Nein, leider nicht. Aber meine Eltern _____ ⁵ eine Woche dort.

6 Wie feiern Sie Geburtstag? Schreiben Sie drei Sätze. Die Wörter helfen.

Punkte 6

einladen – feiern – mitbringen – das Geschenk – der Kuchen – die Party

0. *Bei uns ist der Geburtstag wichtig/nicht wichtig.*

1. _____

2. _____

3. _____

7 Kaffee oder lieber Schokolade?

Name | **Datum** | **Punkte** 30

1 Im Kaffeehaus. Was bestellt Nadja? Hören Sie und kreuzen Sie an. Sie hören den Text zweimal.

Punkte 5

Nadja möchte ...

	richtig	falsch
0. eine Tasse Kaffee.	x	
1. Schlagsahne.		
2. ein Glas Wasser.		
3. ein Stück Kuchen.		
4. einen Salat ohne Käse.		
5. ein Brötchen.		

2 Ein Glas Marmelade. Ergänzen Sie.

Punkte 5

0. ein _Glas_ Marmelade
1. eine _____ Schokolade
2. eine _____ Chips
3. eine _____ Nudeln
4. eine _____ Wein
5. ein _____ Joghurt

3 Was essen die Personen zum Frühstück? Ordnen Sie die Bilder zu.

Punkte 5

0. [a] Jenny, 28: Ich habe nur wenig Zeit. Ich trinke einen Kaffee mit Zucker. Manchmal esse ich auch eine Banane. Das ist alles.
1. [ ] Sven, 35: Ich finde Frühstück sehr wichtig. Ich esse Obst mit Joghurt.
2. [ ] Frau Jahn, 41: Ich esse gern ein Brötchen mit Käse und trinke ein Glas Saft. Ich liebe Käse. Am liebsten mit Gurke. Fleisch esse ich nie.
3. [ ] Anne, 26: Ich liebe Fleisch. Ich esse am liebsten Brot mit Wurst. Käse mag ich nicht. Aber Milch. Ich trinke jeden Tag ein Glas.
4. [ ] Frau Zöbert, 62: Brot oder Brötchen? Nein, danke. Ich esse gern ein Ei und Tomaten.
5. [ ] Herr Heising, 49: Ich esse sehr gern. Frühstück mag ich am liebsten! Ich esse Brötchen, viel Wurst und ein Ei. Ich trinke auch Kaffee, aber ohne Zucker.

4 Auf dem Markt. Ergänzen Sie den Dialog.

Punkte 4

Was kostet das? – ~~Was darf es sein?~~ – Ich habe leider nur 50 Euro. – Danke schön. Das geht so. – Darf es noch etwas sein?

💬 Guten Tag! *Was darf es sein?*   0   👍 Guten Tag! Ich hätte gern ein Pfund Tomaten, bitte.

💬 Hier, ein Pfund, bitte schön!

_____ ¹?   👍 Nein, danke.   2

💬 Das macht 2,90 Euro.   👍 _____   3

💬 Kein Problem. Hier sind 47,10 Euro zurück. Brauchen Sie noch eine Tüte?   👍 _____   4
Auf Wiedersehen.

💬 Auf Wiedersehen.

5 Was *wollen* und was *müssen* die Personen? Ergänzen Sie die richtige Form der Verben.

Punkte 5

0. 💬 *Wollen* wir heute Abend ins Kino gehen?   👍 Tut mir leid, ich habe leider keine Zeit.

1. 💬 Ich gehe jetzt ins Café. Hast du auch Lust?   👍 Ich _____ leider noch lernen.

2. 💬 Wollen wir Samstag wandern?   👍 Wandern? Ich _____ lieber ausschlafen.

3. 💬 Brauchst du noch etwas für die Party?   👍 Ich habe alles. Du _____ nichts mitbringen.

4. 💬 Was _____ du heute Abend essen?   👍 Ich habe Lust auf Nudeln.

5. 💬 Ich koche jetzt. Macht ihr mit?   👍 Wir _____ leider arbeiten.

6 Sie machen eine Party. Was *müssen* und was *wollen* Sie machen? Schreiben Sie drei Sätze.

Punkte 6

0. *Ich muss meine Wohnung aufräumen.*

1. _____

2. _____

3. _____

8 Termine, Termine ...

Name	Datum	Punkte
		30

1 Ein Tag von Sandra Buschweg. Hören Sie und kreuzen Sie an. Sie hören zweimal.

Punkte 5

Sandra muss am Samstag ...

		a		b		c	
0.	um 4:30 Uhr	a	x aufstehen.	b	☐ frühstücken.	c	☐ schlafen.
1.	um 9 Uhr	a	☐ arbeiten.	b	☐ Pause machen.	c	☐ zur Arbeit fahren.
2.	um 15:45 Uhr	a	☐ die Tochter abholen.	b	☐ tanzen gehen.	c	☐ nach Hause fahren.
3.	um 18 Uhr	a	☐ einkaufen.	b	☐ shoppen.	c	☐ telefonieren.
4.	um 19 Uhr	a	☐ kochen.	b	☐ essen.	c	☐ aufräumen.
5.	um 21 Uhr	a	☐ arbeiten.	b	☐ lesen.	c	☐ ins Bett gehen.

2 Von morgens bis abends. Ordnen Sie die Wörter zu.

Punkte 5

morgens – vormittags – mittags – ~~nachmittags~~ – abends – nachts

0. Arbeit im April: 7–15 Uhr — Sie haben im April _nachmittags_ frei.

1. Café Wagner Frühstück von 7–9 Uhr — Im Café gibt es _____ Frühstück.

2. Supermarkt Jetzt auch bis 22 Uhr! — Im Supermarkt kauft man auch _____ ein.

3. Dr. Krüger, Arzt Mo bis Fr 9–12 und 14–18 Uhr — Der Arzt arbeitet _____ nicht.

4. Keine Musik von 22–6 Uhr! — Sie dürfen _____ keine Musik hören.

5. Deutschkurs Di 10–12 Uhr — Der Deutschkurs ist immer _____.

3 Ich hatte Besuch. Lesen Sie und ergänzen Sie *haben* im Präteritum.

Punkte 5

💬 Hi, Birthe! Wie war dein Wochenende?

👍 Sehr gut. Ich _hatte_ ⁰ Besuch von Melanie. Das ist meine Schwester. Unsere Eltern _____ ¹ leider keine Zeit. Melanie _____ ² am Freitag Geburtstag. Wir waren abends auf einem Konzert.

💬 Toll! _____ ³ ihr Spaß?

👍 Wir _____ ⁴ sehr viel Spaß. Und wie war dein Wochenende? _____ ⁵ du frei?

💬 Ja, und mein Freund auch. Das war schön.

4 Termine, Termine. Welche Antwort passt? Kreuzen Sie an.

Punkte 5

0. Wie spät ist es?
   - a [x] Es ist fünf vor zwölf.
   - b [ ] Ja, es ist spät.

1. Hast du am Samstag Zeit?
   - a [ ] Ja, das geht.
   - b [ ] Endlich Wochenende!

2. Wann arbeitest du morgen?
   - a [ ] Ja, ich arbeite morgen.
   - b [ ] Von 8 bis 16 Uhr.

3. Wollen wir am Samstag ausgehen?
   - a [ ] Das geht leider nicht.
   - b [ ] Der Termin ist um 16 Uhr.

4. Geht es auch am Mittwoch um 15 Uhr?
   - a [ ] Tut mir leid, da habe ich leider keine Zeit.
   - b [ ] Das mache ich gern.

5. Wann hast du frei?
   - a [ ] Ja, ich habe frei.
   - b [ ] Ich habe am Montag frei.

5 *Können.* Ordnen Sie die Wörter. Schreiben Sie die Sätze.

Punkte 4

0. 💬 Wann stehst du morgen auf?
   👍 Morgen *kann ich ausschlafen*_____. Ich habe frei. (kann – ausschlafen – ich)

1. 💬 Endlich Wochenende!
   👍 Ja, _____. (können – spät ins Bett gehen – wir)

2. 💬 Ich mache heute eine Party. Kommst du?
   👍 Gern, aber _____. Ich muss morgen arbeiten.
   (nicht – ich – kann – lange bleiben)

3. 💬 _____? (heute Abend – du – kannst – Lisa abholen)
   👍 Ja, kein Problem. Ich habe Zeit.

4. 💬 Hast du auch am Mittwoch Zeit?
   👍 Ja, am Mittwoch _____. (kommen – kann – auch – ich)

6 Sie haben am Mittwoch um 13 Uhr einen Termin und können nicht arbeiten. Fragen Sie eine Kollegin. Hat sie Zeit? Schreiben Sie drei Sätze.

Punkte 6

Betreff:	Arbeit am Mittwoch

Hallo

1–8 Gesamttest

Name	Datum	Punkte
		40

1 Was ist richtig? Kreuzen Sie an: a, b oder c. Sie hören jeden Text zweimal.   Punkte 3

0. Wie viele Geschwister hat Melanie?
   a ☐ drei Schwestern   b ☒ eine Schwester   c ☐ drei Brüder

1. Was trinkt Hannah im Café?
   a ☐ Kaffee   b ☐ Tee   c ☐ Kakao

2. Was kauft Tom?
   a ☐ Nudeln   b ☐ Käse   c ☐ eine Flasche Wein

3. Was machen Miriam und Lukas am Samstag?
   a ☐ essen gehen   b ☐ ins Kino gehen   c ☐ tanzen gehen

2 Kreuzen Sie an: richtig oder falsch. Sie hören jeden Text einmal.   Punkte 3

	richtig	falsch
0. Sie können heute Abend ins Theater gehen.	☒	☐
1. Sie können im Kino fotografieren.	☐	☐
2. Am Samstag ist in Köln ein Konzert.	☐	☐
3. Ein Kilo Äpfel kostet 1,39 Euro.	☐	☐

3 Was ist richtig? Kreuzen Sie an: a, b oder c. Sie hören jeden Text zweimal.   Punkte 3

0. Der Termin ist um …
   a ☒ 12 Uhr.   b ☐ 13 Uhr.   c ☐ 14 Uhr.

1. Die Telefonnummer ist …
   a ☐ 030 – 96 26 30.   b ☐ 030 – 69 26 13.   c ☐ 030 – 69 26 30.

2. Die Party ist am …
   a ☐ Freitag.   b ☐ Samstag.   c ☐ Sonntag.

3. Die Familie von Marie braucht …
   a ☐ Butter.   b ☐ Brötchen.   c ☐ Brot.

24

4 Mario lernt Deutsch. Lesen Sie den Text. Welches Wort passt? Kreuzen Sie an.

Punkte 5

Ich suche: Lehrer oder Lehrerin für Deutsch

Hallo! Ich heiße Mario. Ich ☐ wohne ☒ komme ☐ gehe⁰ aus Italien.

Ich lerne seit 1 Jahr Deutsch. Aber ich möchte noch mehr Deutsch lernen und

suche einen Lehrer oder eine Lehrerin.

☐ Hast ☐ Kannst ☐ Magst¹ du Lust? Was ☐ machst ☐ findest ☐ kannst² du in der

Freizeit? Ich ☐ spiele ☐ treffe ☐ gehe³ gern Freunde. Wir gehen am Wochenende oft aus.

☐ Findest ☐ Magst ☐ Musst⁴ du Musik? Ich höre jeden Tag Musik und ich tanze sehr gern.

Wann ☐ kannst ☐ bist ☐ hast⁵ du Zeit? Ich kann am Mittwoch oder Donnerstag um

15 Uhr. Meine Handynummer ist: 0172 / 12 34 566.

5 Beruf und Freizeit. Lesen Sie den Text und kreuzen Sie an.

Punkte 5

Mein Beruf ist mein Hobby

Guten Tag, Frau Gregorius. Sie sind Musikerin und wohnen in Hamburg. Wir möchten gern wissen: Wie sieht ihr Tag aus?
Mein Tag ist immer sehr lang. Ich arbeite Montag bis Samstag von 8 bis 20 Uhr. Aber ich treffe viele Leute. Das finde ich sehr schön.

Dann machen Sie von morgens bis abends nur Musik. Haben Sie auch Freizeit?
Ich habe nur wenig Freizeit. Aber das ist okay. Die Musik ist meine Arbeit, aber sie ist auch mein Hobby. Ein Tag ohne Musik? Oh nein! Ich gehe gern ins Konzert oder ins Musical. In Hamburg gibt es viele Musicals. Hamburg ist wirklich toll.

Möchten Sie hier immer wohnen?
Hm, ich weiß nicht. Ich finde viele Städte und Länder interessant. Ich bin oft in Österreich, der

Lise Gregorius (37), Musikerin

Schweiz und Spanien. Ich möchte gern im Ausland leben, vielleicht zwei oder drei Jahre. Aber dann möchte ich wieder nach Hamburg gehen.

Und was möchte Ihre Familie? Hamburg oder Ausland?
Mein Mann möchte auch im Ausland leben. Das ist also kein Problem.

	richtig	falsch
0. Lise Gregorius ist Musikerin von Beruf.	☒	☐
1. Sie hat sonntags immer frei.	☐	☐
2. Sie trifft gern Leute.	☐	☐
3. Sie hört in der Freizeit keine Musik.	☐	☐
4. Sie möchte immer im Ausland wohnen.	☐	☐
5. Sie ist verheiratet.	☐	☐

Gesamttest

6 Lesen Sie die Texte und die Aufgaben 1 bis 5. Welche Information passt? Kreuzen Sie an: a oder b.

Punkte: 5

0. Sie sind Lehrer und suchen einen Job.

www.dinge-für-lehrer.de
Alles für Lehrer: Stifte, Bücher und Hefte. Beethovenstraße 60.

www.berufe.net/lehrer
Wir suchen Lehrer in München, Stuttgart und Berlin.

a ☐ www.dinge-für-lehrer.de   b [x] www.berufe.net/lehrer

1. Sie möchten eine Kamera kaufen. Die Kamera muss neu sein.

www.technik-kaufen.de
Neu und nur bei uns: Computer, Handys und Kameras. Wir haben alles.

www.meine-technik.de
Wir haben Technik: Sie ist alt, aber sie funktioniert. Und der Preis? Sehr günstig!

a ☐ www.technik-kaufen.de   b ☐ www.meine-technik.de

2. Sie suchen einen Kurs für Tango.

www.party-köln.de
Heute: Party mit Musik aus Argentinien. Hier tanzen Sie Tango die ganze Nacht.

www.schule-für-tanz.de
Lust auf Tango? Hier lernen Sie tanzen. Kurse immer Mo und Do von 19 bis 21 Uhr

a ☐ www.party-köln.de   b ☐ www.schule-für-tanz.de

3. Es ist Wochenende. Sie möchten nachmittags mit Freunden einen Kaffee trinken.

www.restaurant-wagner.de
Essen und Trinken im Restaurant Wagner, Montag bis Freitag von 12 bis 23 Uhr.

www.cafe-schmidt.de
Café Schmidt, Öffnungszeiten: Mo bis Sa von 10 bis 18 Uhr

a ☐ www.restaurant-wagner.de   b ☐ www.cafe-schmidt.de

4. Sie möchten in der Schweiz Ski fahren.

www.tschüs-deutschland.de
Eine Woche Schweiz für nur 499 Euro. Jetzt kaufen und Ski fahren!

www.kino.de/schweiz
Kino International, Thema diese Woche: „Ski fahren in der Schweiz" 02. bis 09. Mai

a ☐ www.tschüs-deutschland.de   b ☐ www.kino.de/schweiz

5. Sie möchten Deutsch lernen. Sie haben nur abends Zeit.

www.sprachen-in-berlin.de
Sprachen lernen in Berlin: Kurse für Englisch, Französisch, Deutsch, mittwochs von 18 bis 20 Uhr

www.buch-weidemann.de/deutsch
Bücher kaufen bei Weidemann, Bücher auf Deutsch, neu und alt, Öffnungszeiten: 10–18 Uhr

a ☐ www.sprachen-in-berlin.de   b ☐ www.buch-weidemann.de/deutsch

7 Ein Wochenende in Berlin. Lesen Sie den Text und ergänzen Sie das Formular.

Punkte 6

Ihr Freund, Yasin Ataman, ist von Freitag bis Sonntag in Berlin. Er wohnt in Gießen, in der Hauptstraße 66. Er sucht im Internet ein Hotel.
Er möchte im Hotel nicht essen. Schreiben Sie für ihn die Informationen in das Formular.

www.hotel_berlin_city.de

„Hotel Berlin City"

Name	Ataman	0
Vorname		1
Stadt		2
Straße und Hausnummer		3
Wie viele Personen?		4
Wie viele Nächte?		5
Frühstück	☐ ja ☐ nein	6

8 Sich vorstellen. Schreiben Sie zu jedem Punkt ein bis zwei Sätze.

Punkte 10

Land/Sprachen? – Freizeit? – Familie? – Beruf? – Arbeitsalltag?

9 Mit dem Auto oder zu Fuß?

Name | Datum | Punkte 30

1 Wie komme ich zu …? Hören Sie und kreuzen Sie an. Sie hören zweimal.
Punkte 5

0. Paula möchte …
   a [x] zum Potsdamer Platz. b [ ] zur Friedrichstraße. c [ ] zur Universität.

1. Paula nimmt …
   a [ ] das Fahrrad. b [ ] die U-Bahn. c [ ] den Bus.

2. Paula muss an der Station Stadtmitte …
   a [ ] aussteigen. b [ ] einsteigen. c [ ] umsteigen.

3. Von der Station Stadtmitte bis zum Potsdamer Platz fährt Paula …
   a [ ] eine Station. b [ ] vier Stationen. c [ ] fünf Stationen.

4. Paula muss …
   a [ ] nicht umsteigen. b [ ] einmal umsteigen. c [ ] zweimal umsteigen.

5. Die Fahrt dauert …
   a [ ] 2 Minuten. b [ ] 8 Minuten. c [ ] 10 Minuten.

2 Ergänzen Sie die Verkehrsmittel.
Punkte 5

Ich fahre gern mit …

0. dem _Fahrrad_ ,   1. dem _____ ,   2. der _____ ,   3. dem _____ und   4. der _____ .

Aber ich gehe nicht gern …

5. _____ .

3 Fahrrad leihen. Was steht im Text? Kreuzen Sie an: richtig oder falsch.
Punkte 4

Fahrrad ToGo

Fahrräder sind teuer?
Kein Problem! Bei uns können Sie Fahrräder ausleihen. Sie müssen kein Mitglied sein!
10 Kilometer kosten nur **1 Euro**.
Ein Tag kostet **9 Euro**. Am Wochenende gibt es oft Sonderangebote.

Sind Sie neu bei FahrradToGo?
Wir haben ein Willkommens-Geschenk: Fahren Sie **eine Stunde** für **0 Euro**!
Unsere Fahrräder leihen Sie an **50 FahrradToGo-Stationen in Deutschland**.

Hier finden Sie auch Informationen über Fahrradwege in der Stadt.
Fragen Sie uns!

28

	richtig	falsch
0. Bei FahrradToGo kann man Fahrräder kaufen.	☐	x
1. FahrradToGo ist nur für Mitglieder.	☐	☐
2. Man kann einen Tag für 0 Euro Fahrrad fahren.	☐	☐
3. Man kann auch am Wochenende günstig Fahrrad fahren.	☐	☐
4. Die Fahrräder stehen an FahrradToGo-Stationen.	☐	☐

4 Tagesablauf. Ergänzen Sie die Präpositionen mit Dativ.

Punkte / 8

seit – aus – beim – zum – von – ~~zur~~ – nach (2x) – mit

💬 Wann gehst du morgen _zur_ ⁰ Arbeit?

👍 Ich gehe morgen um 8 Uhr _____ ¹ dem Haus.

💬 Wann kommst du _____ ² der Arbeit _____ ³ Hause?

👍 Ich bin um 16:30 Uhr hier.

💬 Ich habe einen Termin _____ ⁴ Arzt. Ich habe den Termin schon _____ ⁵ 2 Monaten.

👍 Ich gehe nicht gern _____ ⁶ Arzt. Soll ich mitkommen? Wir fahren _____ ⁷ dem Auto.

💬 Super! Können wir _____ ⁸ dem Arzt zusammen essen gehen? Hast du Lust?

5 Sie sind an der Station Spittelmarkt. Sie möchten dort Ihren Freund treffen. Er steht an der Station Friedrichstraße. Schreiben Sie eine Nachricht, wie er fahren muss.

Punkte / 8

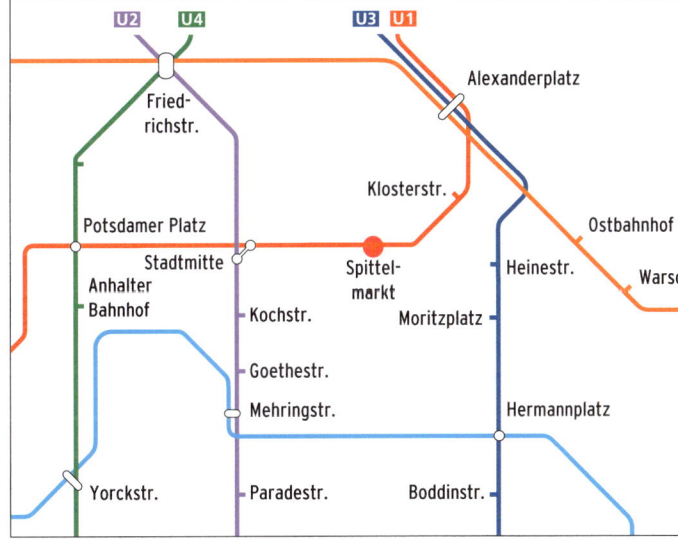

10 In der Firma

Name **Datum** **Punkte** 30

1 Im Praktikum. Was hören Sie? Kreuzen Sie an. Sie hören den Text zweimal.
Punkte 5

0. Markus macht …
   - a ☐ eine Reise.
   - b ☒ ein Praktikum.
   - c ☐ eine Prüfung.

1. Gestern hat Markus …
   - a ☐ studiert.
   - b ☐ telefoniert.
   - c ☐ kopiert.

2. Heute ist Markus …
   - a ☐ zu spät gekommen.
   - b ☐ zur Konferenz gegangen.
   - c ☐ zum Arzt gegangen.

3. Markus sucht im Internet …
   - a ☐ Grafiken.
   - b ☐ Präsentationen.
   - c ☐ Konferenzen.

4. Er arbeitet …
   - a ☐ allein.
   - b ☐ mit Kollegen zusammen.
   - c ☐ allein und mit Kollegen zusammen.

5. Das Praktikum macht …
   - a ☐ viel Arbeit.
   - b ☐ Spaß.
   - c ☐ keinen Spaß.

2 Heute in der Firma. Ergänzen Sie die Verben.
Punkte 5

Heute habe ich …

0. auf Fragen _geantwortet_ .
1. E-Mails _____ .
2. mit Frau Schreiber _____ .
3. eine Präsentation _____ .
4. Ideen _____ .
5. Kollegen _____ .

3 Lesen Sie die Texte und die Aufgaben. Kreuzen Sie an, richtig oder falsch?
Punkte 5

0. **An der Uni**
   www.uni-hh.de — Uni Hamburg: Kurse fangen im Oktober an.
   Hier können Sie im Oktober studieren. ☒ richtig ☐ falsch

1. **In der Zeitung**
   www.zeitung-dresden.de — Gesucht: Redakteur/in
   Hier können Sie ein Praktikum machen. ☐ richtig ☐ falsch

2. **Am Flughafen**
   AirFlug nach London — Heute 1 Stunde Verspätung.
   Sie können heute nicht nach London fliegen. ☐ richtig ☐ falsch

3. **An der Post**

   Die Post ist heute leider **GESCHLOSSEN**.

   Hier können Sie heute keine Briefmarken kaufen.   ☐ richtig   ☐ falsch

4. **Im Internet**

   www.reiseblog.de   Eine Woche Spanien. Das ist passiert.

   Hier können Sie eine Reise organisieren.   ☐ richtig   ☐ falsch

5. **Mit dem Handy**

   9:00 AM
   Habe die Arbeit fertig. Jetzt ist es zu spät! Ich komme morgen. Tim

   Tims Flugzeug hat Verspätung. Er kommt morgen an.   ☐ richtig   ☐ falsch

4 Ein Tag von Nils. Lesen Sie und ergänzen Sie die Verben im Perfekt.

Punkte 5

Heute ist viel *passiert* (passieren)[0]. Um 8 Uhr bin ich in die Uni _____ (gehen)[1].
Dort bin ich bis 18 Uhr _____ (bleiben)[2] und habe für eine Prüfung _____
(lernen)[3]. Am Abend habe ich mit Freunden _____ (essen)[4]. Von 22 bis 23 Uhr habe ich
Dinge _____ (organisieren)[5]. Jetzt ist es 23:30 Uhr und ich kann endlich ins Bett gehen.

5 Nach der Reise. Kreuzen Sie an: *haben* oder *sein*?

Punkte 4

💬 Hallo Gabi, bist du wieder in Wien? ☒ *Hat* ☐ *Ist*[0] deine Reise Spaß gemacht?

👍 Ja, ich ☐ *habe* ☐ *bin*[1] um 15 Uhr angekommen. Wir ☐ *haben* ☐ *sind*[2] nach Basel geflogen.

💬 Hat alles funktioniert?

👍 Naja. Das Flugzeug hatte Verspätung. Ich war müde und auch krank.
   Im Hotel ☐ *habe* ☐ *bin*[3] ich den ganzen Tag geschlafen. Am Samstag war alles wieder gut
   und wir ☐ *haben* ☐ *sind*[4] in die Stadt gefahren. Basel ist sehr schön.

6 Schreiben Sie über eine Reise. Was ist auf der Reise passiert?

Punkte 6

1. *Ich war in …* _____
2. _____
3. _____
4. _____

11 Mein Zuhause

Name	Datum	Punkte
		30

1 Eine Wohnung. Wie sind die Zimmer? Kreuzen Sie an. Sie hören zweimal.

Punkte: 4

0. Der Flur ist ...   a [x] groß.   b [ ] schön.   c [ ] hell.
1. Das Kinderzimmer ist ...   a [ ] zu klein.   b [ ] zu laut.   c [ ] nicht laut.
2. Das Schlafzimmer ist ...   a [ ] klein.   b [ ] dunkel.   c [ ] hell.
3. Das Wohnzimmer hat ...   a [ ] keine Fenster.   b [ ] Fenster.   c [ ] einen Balkon.
4. Die Küche hat ...   a [ ] einen Balkon.   b [ ] keinen Balkon.   c [ ] einen Garten.

2 Meine WG. Lesen und ergänzen Sie den Text.

Punkte: 6

Matratze – ~~WG~~ – Nachbarn – Herd – Sofa – Küche – Schrank

Ich habe ein Zimmer in einer _WG_ ⁰. Ich wohne bei Melissa und Sascha. Wir sind oft zusammen in der _____ ¹ und kochen. Der _____ ² ist neu. Am Wochenende schläft oft ein Freund auf dem _____ ³ im Wohnzimmer. Wir feiern gern, aber es gibt nie Probleme. Unsere _____ ⁴ sind sehr nett. Im Zimmer stehen schon ein _____ ⁵ und ein Bett. Es ist klein, aber die _____ ⁶ ist sehr bequem.

3 Wohnung oder Haus? Wer wohnt wo? Ordnen Sie zu.

Punkte: 4

0. Inga möchte nicht allein wohnen.
1. Herr und Frau Rügen haben ein Haus. Sie finden die Stadt zu laut.
2. Florian ist Student und hat nur wenig Geld.
3. Familie Martin hat eine Wohnung mit Kinderzimmer.
4. Familie Zelle hat ein Haus mit Garten gekauft. Sie möchte Familien treffen.

a **Das Reihenhaus:** Mit Garten. Die Nachbarn sind Familien. [ ]

b **Das Bauernhaus:** Sehr ruhig: keine Autos, keine Nachbarn. [ ]

c **Die Wohngemeinschaft:** Das Wohnzimmer ist für alle! [0]

d **Das Hochhaus:** Wohnung mit Wohnzimmer, Schlafzimmer und Kinderzimmer. [ ]

e **Das Studentenwohnheim:** Zimmer für 190 Euro. [ ]

4 Wo ist …? Lesen Sie und kreuzen Sie an.

		a		b		c		
0.	Die Tassen hängen	a	☐ auf	b	☐ in	c	☒ an	der Wand.
1.	Der Tee steht	a	☐ auf	b	☐ in	c	☐ an	dem Schrank.
2.	Der Kaffee und der Zucker stehen	a	☐ über	b	☐ unter	c	☐ neben	dem Tee.
3.	Die Teller stehen	a	☐ über	b	☐ an	c	☐ auf	dem Tisch.
4.	Der Tisch steht	a	☐ vor	b	☐ auf	c	☐ an	dem Schrank.
5.	Die Kaffeemaschine steht	a	☐ hinter	b	☐ über	c	☐ unter	der Gardine.
6.	Die Zettel hängen	a	☐ auf	b	☐ über	c	☐ vor	dem Herd.
7.	Der Herd ist	a	☐ neben	b	☐ zwischen	c	☐ vor	der Spüle.
8.	Die Flaschen stehen	a	☐ neben	b	☐ unter	c	☐ auf	dem Schrank.

5 Couch-Surfing. Lesen Sie den Text. Schreiben Sie eine Nachricht an Julia und antworten Sie auf die Fragen. Schreiben Sie vier Sätze.

Betreff: Sofa im Zentrum?

Hallo!
Ich bin Julia (23). Mein Freund (28) und ich suchen ein Sofa für 3 Tage. Hast du Platz für zwei Personen? Wohnst du im Zentrum? Gibt es WLAN? Wir möchten gern Montag um 12 Uhr kommen. Ist das okay?

Liebe Grüße, Julia

Betreff: Re: Sofa im Zentrum?

Liebe Julia,

12 Gesund und fit

Name	Datum	Punkte
		30

1 Ein Unfall. Was ist passiert? Hören Sie und kreuzen Sie an. Sie hören den Text zweimal.

Punkte: 5

	richtig	falsch
0. Tobi hat vor dem Unfall telefoniert.	☐	x
1. Kinder haben auf der Straße gespielt.	☐	☐
2. Tobi ist vom Fahrrad gefallen.	☐	☐
3. Tobi hat Kopfschmerzen.	☐	☐
4. Ein Junge hat Kopfschmerzen.	☐	☐
5. Tobi möchte lieber eine Tablette nehmen.	☐	☐

2 Montagmorgen im Büro. Lesen Sie und ergänzen Sie.

Punkte: 6

Ohren – Füße – ~~Kopf~~ – Hand – Beine – Augen – Bauch

0. Mein *Kopf* tut weh. Ich war erst sehr spät im Bett.
1. Meine _____ tun weh. Meine Schuhe sind zu klein.
2. Mein _____ tut weh. Ich habe zu viele Süßigkeiten gegessen.
3. Meine _____ tut weh. Ich habe zu viel geschrieben.
4. Meine _____ tun weh. Das Konzert war zu laut.
5. Meine _____ tun weh. Die Sonne ist zu hell.
6. Meine _____ tun weh. Ich bin gestern viel Fahrrad gefahren.

3 Tipps für die Gesundheit. Welche Tipps gibt Sven? Kreuzen Sie an: richtig oder falsch.

Punkte: 5

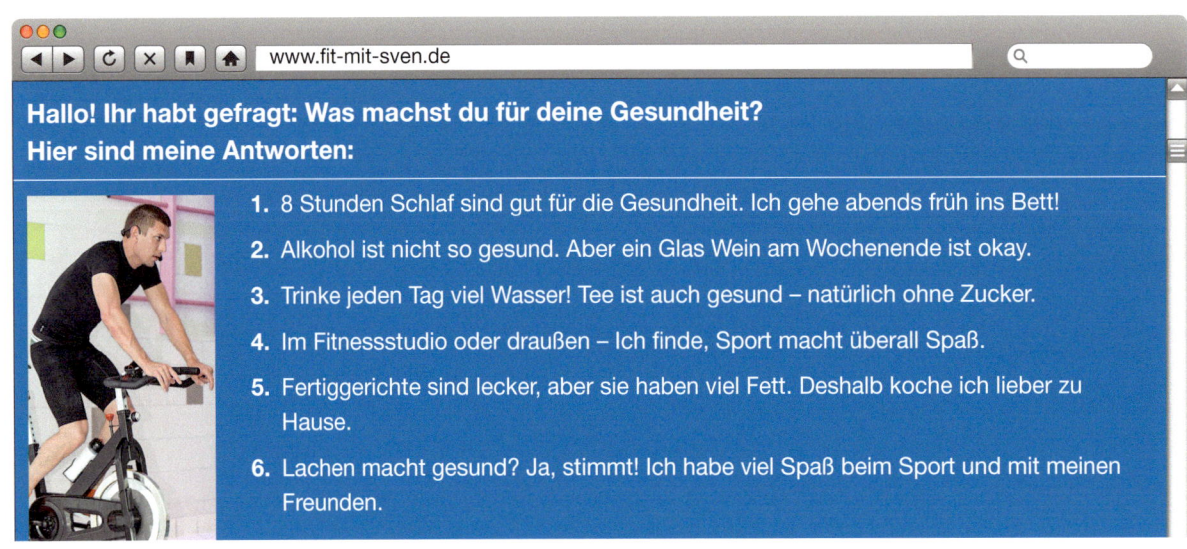

www.fit-mit-sven.de

Hallo! Ihr habt gefragt: Was machst du für deine Gesundheit? Hier sind meine Antworten:

1. 8 Stunden Schlaf sind gut für die Gesundheit. Ich gehe abends früh ins Bett!
2. Alkohol ist nicht so gesund. Aber ein Glas Wein am Wochenende ist okay.
3. Trinke jeden Tag viel Wasser! Tee ist auch gesund – natürlich ohne Zucker.
4. Im Fitnessstudio oder draußen – Ich finde, Sport macht überall Spaß.
5. Fertiggerichte sind lecker, aber sie haben viel Fett. Deshalb koche ich lieber zu Hause.
6. Lachen macht gesund? Ja, stimmt! Ich habe viel Spaß beim Sport und mit meinen Freunden.

	richtig	falsch
0. Geht abends früh schlafen!	x	
1. Trinkt keinen Alkohol!		
2. Trinkt viel Wasser und Tee mit Zucker!		
3. Trainiert nur im Fitnessstudio!		
4. Kocht euer Essen selbst!		
5. Lacht viel!		

4 Ratschläge geben. Ordnen Sie die Wörter. Schreiben Sie Sätze im Imperativ.
Punkte 8

💬 Ich bin so müde, aber ich muss arbeiten.

👍 *Mach doch eine Pause* (doch – eine Pause – machen)! ⁰

💬 Ich möchte abnehmen, aber ich habe keine Lust auf Sport.

👍 _____ (nicht – sein – faul)¹ und _____

(ins – gehen – Fitnessstudio)²!

💬 Ich habe Kopfschmerzen. Was kann ich machen? _____

(doch – nehmen – eine Tablette)!³ Und ganz wichtig: _____

(trinken – Wasser – viel)!⁴

💬 Ich glaube, ich habe Fieber.

👍 Oh nein, du Arme. _____ (bleiben – zu Hause – lieber)⁵

und _____ (viel – schlafen)⁶!

💬 Wir haben endlich Urlaub!

👍 Ich weiß, Sie brauchen eine Pause. Deshalb _____

(Sie – viel draußen – sein)⁷ und _____ (spazieren – gehen – Sie)⁸!

5 Was denken Sie: Was haben die Personen? Was ist passiert?
Punkte 6

1. _____

2. _____

3. _____

13 Andere feiern, ich arbeite.

Name	Datum	Punkte
		30

1 Termine. Hören Sie und ordnen Sie zu. Sie hören den Text zweimal.

Punkte: 5

Mai						
Mo	Di	Mi	Do	Fr	Sa	So
				1	2	3
4	5	6	7	8	9	10
11	12	13	14	15⁰	16¹	17²
18	19	20	21	22⁴	23³	24
25⁵	26	27	28	29	30	31

- a Kaffee mit Toni
- b Fest vorbereiten!
- 0 c Urlaub! ☺
- d Termin Fotograf
- e Einweihungsparty
- f Hochzeit

2 Feste und Feiertage. Lesen Sie und ergänzen Sie.

Punkte: 5

Baum – Karussell – Ringe – ~~Kostüme~~ – Geschenke – Feuerwerk

tauschen – fahren – ~~tragen~~ – bekommen – schmücken – sehen

0. An Karneval *tragen* die Leute *Kostüme* .
1. Am Geburtstag _____ die Kinder von ihren Eltern _____ .
2. An Weihnachten _____ die Familien einen _____ .
3. Auf der Hochzeit _____ Mann und Frau _____ .
4. An Silvester _____ die Leute ein _____ .
5. Auf dem Oktoberfest kann man _____ .

3 Feiern in der Schweiz. Lesen Sie den Text und kreuzen Sie an: richtig oder falsch.

Punkte: 6

Die Fasnacht in Basel

– 5 –

Manche Leute denken: Die Fasnacht in der Schweiz ist wie Karneval in Deutschland. Nicht ganz. Die Fasnacht geht immer von Montag nach Aschermittwoch um 4 Uhr morgens bis Donnerstagmorgen um 4 Uhr, also genau 72 Stunden.

Die Teilnehmer fahren mit den Umzugswagen. Sie tragen Kostüme und winken und sie verteilen Süßigkeiten oder spielen Musik. Die Besucher tragen keine Kostüme. Sie stehen an der Straße und sammeln die Süßigkeiten.

Doch nicht alle Leute auf der Fasnacht feiern. Anne Gruschl ist von Beruf Sekretärin. Aber in der Fasnacht arbeitet sie als Fotografin. Sie sagt: „Fotografieren ist für mich ein Hobby. Von Montag bis Donnerstag gehe ich nach der Arbeit zur Fasnacht. Dann bin ich oft sehr spät zu Hause, um 2 oder 3 Uhr. Mein Tag ist sehr lang, aber es macht wirklich viel Spaß. Meine Kunden auf der Fasnacht sind alle sehr nett und zahlen viel Geld."

	richtig	falsch
0. Die Fasnacht feiert man in Deutschland und in der Schweiz.		x
1. Die Fasnacht dauert drei Tage.		
2. Alle Leute auf der Fasnacht tragen Kostüme.		
3. Die Teilnehmer sammeln Süßigkeiten.		
4. Anne Gruschl fotografiert auf der Fasnacht.		
5. Die Arbeit beginnt um 2 Uhr.		
6. Sie mag die Arbeit auf der Fastnacht.		

4 Wem und was? Ergänzen Sie die Personalpronomen im Dativ.

Punkte / 6

0. 💬 Was schenkst du deinen Eltern an Weihnachten? 👍 Ich schenke *ihnen* Bücher.

1. 💬 Meine Frau hat Geburtstag. Was schenke ich _____? 👍 Vielleicht Blumen!

2. 💬 Wir sind neu hier. Kannst du _____ die Stadt zeigen? 👍 Natürlich, gerne!

3. 💬 Ich habe keinen Stift. 👍 Kein Problem, ich gebe _____ meinen Stift.

4. 💬 Ich gehe einkaufen. Kann ich _____ etwas mitbringen? 👍 Danke, wir haben alles.

5. 💬 Ich rufe dich an. Kannst du _____ deine Handynummer geben? 👍 Ja, 0172 / 52 55 622.

6. 💬 Herr Schmidt, haben Sie meine E-Mail gelesen? 👍 Ja, ich schreibe _____ morgen eine Antwort.

5 Welches Fest feiern Sie? Wie feiern Sie? Was machen Sie? Schreiben Sie vier Sätze. Die Verben helfen.

Punkte / 8

bekommen – schenken – tragen – geben – vorbereiten

14 T-Shirt oder Pullover?

Name	Datum	Punkte
		30

1 Wie ist das Wetter? Hören Sie und ordnen Sie zu. Sie hören zweimal.

Punkte 5

0. Berlin 1. London 2. Zürich 3. Wien 4. Moskau 5. Adelaide

☐ a 38°C ☀️   ☐ c 9°C 🌧️ (0)   ☐ e 10°C 🌧️

☐ b 12°C ☁️   ☐ d −17°C ❄️   ☐ f 14°C 🌬️

2 Kleid ist nicht gleich Kleid. Welches Komposita passt? Kreuzen Sie an.

Punkte 5

0. 💬 Ich gehe heute Abend in die Oper.
   Wie findest du mein [x] *Abendkleid* ☐ *Sommerkleid* ☐ *Hochzeitskleid*?
   👍 Das Kleid ist wirklich super.

1. 💬 Ich gehe ins Fitnessstudio, aber ich habe keine Hose.
   Hast du eine ☐ *Skihose* ☐ *Damenhose* ☐ *Sporthose*?
   👍 Ja, du kannst sie gern haben.

2. 💬 Ist es draußen sehr kalt?
   👍 Ja, sehr kalt und es schneit.
   Zieh einen ☐ *Wintermantel* ☐ *Regenmantel* ☐ *Herrenmantel* an!

3. 💬 Es regnet und ich muss mit dem Fahrrad in die Stadt fahren.
   👍 Zieh doch deine ☐ *Regenjacke* ☐ *Winterjacke* ☐ *Sommerjacke* an!

4. 💬 Kann ich deine ☐ *Regenjacke* ☐ *Regenhose* ☐ *Regenstiefel* anziehen?
   Es regnet und meine Schuhe sind kaputt.
   👍 Klar, kein Problem.

5. 💬 Lothar, du siehst toll aus!
   Warum trägst du denn eine ☐ *Badehose* ☐ *Anzughose* ☐ *Jeanshose*?
   👍 Danke! Ich gehe heute Abend in die Oper.

3 Kleidung und Wetter. Was braucht Jens? Lesen Sie und kreuzen Sie an.

Punkte 6

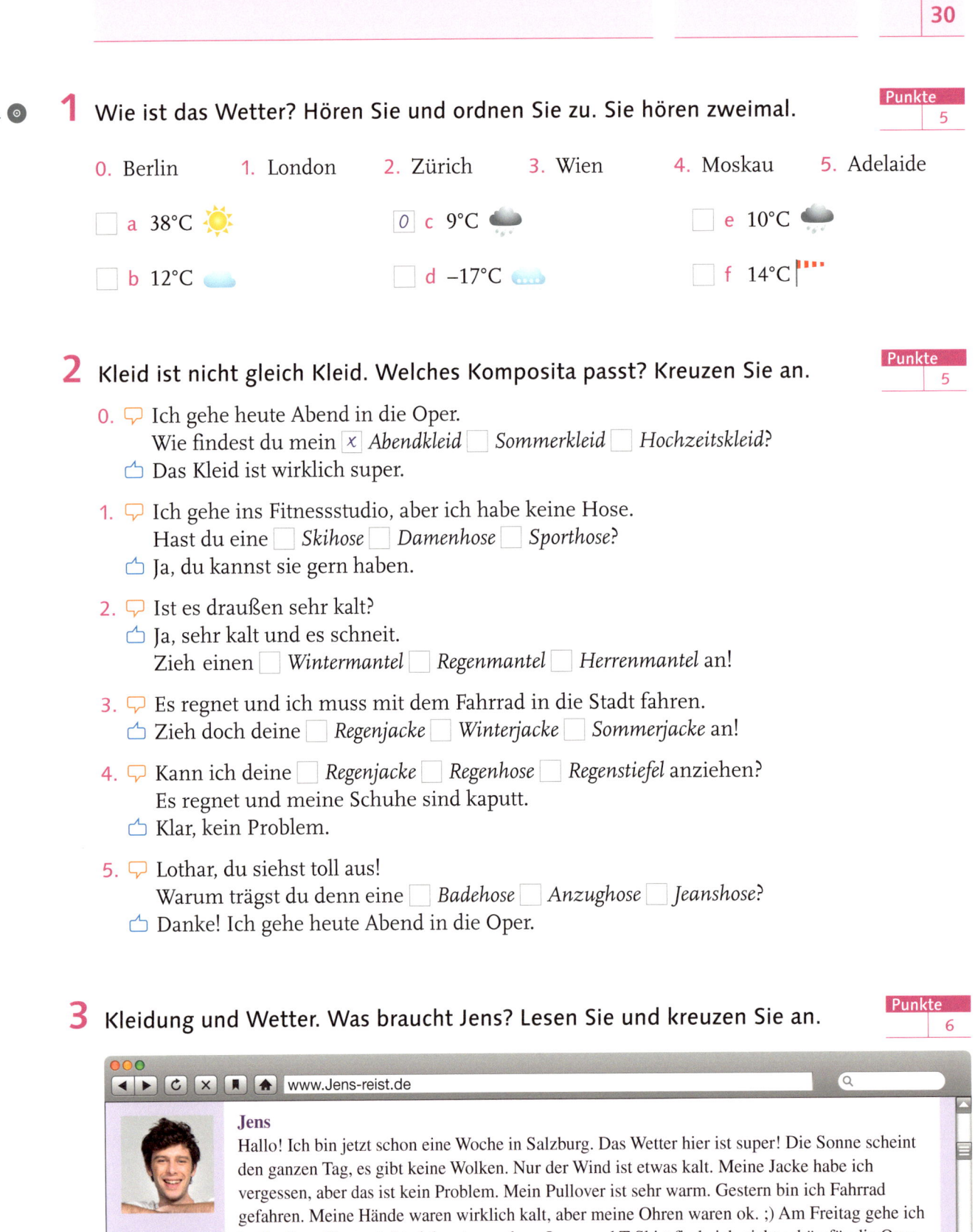

www.Jens-reist.de

Jens
Hallo! Ich bin jetzt schon eine Woche in Salzburg. Das Wetter hier ist super! Die Sonne scheint den ganzen Tag, es gibt keine Wolken. Nur der Wind ist etwas kalt. Meine Jacke habe ich vergessen, aber das ist kein Problem. Mein Pullover ist sehr warm. Gestern bin ich Fahrrad gefahren. Meine Hände waren wirklich kalt, aber meine Ohren waren ok. ;) Am Freitag gehe ich in die Oper. Dort möchte ich gut aussehen. Jeans und T-Shirt finde ich nicht schön für die Oper. Ich muss noch Hemd und Anzug kaufen gehen … 🙂

	richtig	falsch
Jens braucht in Salzburg ...		
0. eine Sonnenbrille.	☐	x
1. einen Regenschirm.	☐	☐
2. eine Jacke.	☐	☐
3. einen Anzug.	☐	☐
In Salzburg ist es ...		
4. windig.	☐	☐
5. sehr warm.	☐	☐
6. bewölkt.	☐	☐

4 Über Kleidung sprechen. Lesen Sie und ordnen Sie zu.

Punkte 6

💬 Hallo, Marie. Kannst *du mir helfen* ?⁰ (*helfen können – du – mir*)

Ich gehe heute Abend ins Theater. _____?¹

(*ich – anziehen – können – was*)

👍 Wie findest du die Bluse? _____.² (*gehören –*

meiner Schwester – sie) Aber ich glaube, _____.³

(*dir – auch – passen – sie*)

💬 Super! _____.⁴ (*die Bluse – mir – gefallen –*

sehr gut) _____.⁵ (*danken – dir – ich*)

👍 Kein Problem. _____.⁶ (*sehr gut – stehen – die Bluse*

– dir)

5 Unser Outfit. Geben Sie Tine und Bruno Ratschläge. Schreiben Sie vier Sätze.

Punkte 8

Hallo! Wir fahren morgen zu einer Konferenz. Wie findest du unser Outfit? Hast du Tipps? Gruß, Tine und Bruno

Hallo Tine und Bruno! Ich finde ...

15 Geradeaus bis zur Ampel

Name | Datum | Punkte
30

1 Am Bahnhof. Was hören Sie? Kreuzen Sie an. Sie hören den Text zweimal. Punkte 5

0. Die Kundin möchte am Schalter …
   a ☐ eine Fahrkarte.
   b ☒ zwei Fahrkarten.
   c ☐ eine BahnCard.

1. Die Kundin zahlt …
   a ☐ zwei Fahrkarten bar.
   b ☐ zwei Fahrkarten mit Kreditkarte.
   c ☐ eine Fahrkarte bar.

2. Der Zug fährt heute …
   a ☐ von Gleis 7 ab.
   b ☐ von Gleis 4 ab.
   c ☐ von Gleis 14 ab.

3. Die Informationen zum Zug stehen …
   a ☐ auf einem Schild.
   b ☐ nur am Schalter.
   c ☐ auf der Anzeigetafel.

4. Eine Raucherzone gibt es …
   a ☐ neben dem Schalter.
   b ☐ im Bahnhof nicht.
   c ☐ auf Gleis 3.

5. Im Bahnhof gibt es …
   a ☐ ein Restaurant.
   b ☐ einen Kiosk.
   c ☐ einen Supermarkt.

2 In der Stadt. Was ist das? Lesen Sie die Sätze. Ordnen Sie die Wörter zu. Punkte 8

a das Navigationssystem – b der Zebrastreifen – c der Bahnhof – d der Radweg – e das Schild –
f die Fußgängerzone – g die Kreuzung – h die Ampel – i das Restaurant

0. _a_ Man hat es im Auto. Es zeigt den Weg.
1. ☐ Es ist auf der Straße und es ist schwarz und weiß.
2. ☐ Es steht neben Straßen oder hängt an Wänden.
3. ☐ Hier kann man links, rechts oder geradeaus fahren.
4. ☐ Hier sind viele Züge.
5. ☐ Hier kann man essen und trinken.
6. ☐ Sie hat drei Farben: rot, gelb und grün.
7. ☐ Hier dürfen keine Autos oder Fahrräder fahren.
8. ☐ Hier fahren nur Fahrräder.

3 Am Bahnhof. Lesen Sie die Sätze und kreuzen Sie an: richtig oder falsch. Punkte 5

0. **ICE 303** Heute von Gleis 6. — Der Zug fährt von Gleis 6 ab. ☒ richtig ☐ falsch

1. **ICE 533** von Mannheim nach Hamburg-Altona hat 10 Minuten Verspätung. — Der Zug kommt 10 Minuten zu spät an. ☐ richtig ☐ falsch

2. **Hier Rauchen verboten!**
Die Raucherzone ist an Gleis 5.

An Gleis 5 dürfen Sie nicht rauchen. ☐ richtig ☐ falsch

3. Wir nehmen keine Kreditkarten.

Hier können Sie nicht bar bezahlen. ☐ richtig ☐ falsch

4.
| Von | Leipzig 15:11 |
| Nach | Gießen 19:33 |

Der Zug kommt um 19:33 Uhr in Gießen an. ☐ richtig ☐ falsch

5. Unser Restaurant finden Sie hinten im Zug.

Sie dürfen im Zug nicht essen. ☐ richtig ☐ falsch

4 Nach dem Weg fragen. Lesen Sie und ordnen Sie die Präpositionen zu.

Punkte 4

bis zur – ~~zur~~ – bis zum – am – an der

💬 Entschuldigung, wie komme ich _zur_ Goethestraße?

👍 Gehen Sie _____ ¹ Ampel und dann nach links. _____ ² Kreuzung gehen Sie nach rechts _____ ³ Wiener Platz. Suchen Sie dort ein Schild. Es ist groß und blau. _____ ⁴ Schild gehen Sie wieder nach rechts – das ist die Goethestraße.

5 Was darf, was kann und was soll man hier (nicht)? Schreiben Sie vier Sätze.

Punkte 8

16 Endlich Urlaub!

Name	Datum	Punkte
		30

1 Ein Angebot im Hotel. Hören Sie und kreuzen Sie an. Sie hören zweimal.

Punkte: 5

0. Das Angebot geht bis …
   - a ☐ Juni.
   - b ☒ August.
   - c ☐ September.

1. Sarah Schmidt reserviert …
   - a ☐ ein Doppelzimmer.
   - b ☐ ein Einzelzimmer.
   - c ☐ zwei Einzelzimmer.

2. Sie möchte in München …
   - a ☐ ihre Eltern besuchen.
   - b ☐ arbeiten.
   - c ☐ in der Stadt bummeln.

3. Sie zahlt …
   - a ☐ eine Übernachtung.
   - b ☐ zwei Übernachtungen.
   - c ☐ drei Übernachtungen.

4. Ein Zimmer kostet …
   - a ☐ 80 Euro ohne Frühstück.
   - b ☐ 80 Euro mit Frühstück.
   - c ☐ 160 Euro ohne Frühstück.

5. Sarah Schmidt braucht …
   - a ☐ einen Internetanschluss.
   - b ☐ einen Fernseher.
   - c ☐ ein Radio.

2 Im Hotel. Lesen Sie und ordnen Sie die Wörter zu.

Punkte: 4

repariert – ~~kaputt~~ – Kostenlos – nass – Ich schicke

💬 Können Sie mir helfen?

Meine Dusche ist *kaputt* ⁰ und das Badezimmer ist _____ ¹.

👍 Entschuldigung. Das tut mir sehr leid. _____ ² den Haus-Service. Er ist in

15 Minuten da und _____ ³ die Dusche. Dürfen wir Sie auf ein Stück Kuchen

einladen?

💬 Kuchen? _____ ⁴? Sehr gern!

3 Urlaubswünsche. Lesen Sie den Text. Kreuzen Sie an: richtig oder falsch.

Punkte: 8

Eine Umfrage zeigt: Studieren ist wichtig, Urlaub auch!

Was machen Lehrer und Studenten im Urlaub? 72 % bleiben zu Hause, denn oft haben sie kein Geld für eine Reise. 28 % reisen gern in andere Länder. Nur wenige reisen gern allein (8 %). Viele reisen lieber mit der Familie (17 %) oder mit Freunden (75 %). Oft schlafen sie dann in einem Hotel (69 %) oder zelten an einem See (28 %). Couch-Surfing ist sehr günstig, aber nur 3 % schlafen gern auf einem Sofa.

Was machen Lehrer und Studenten im Urlaub?

Lehrer	94 %	83 %	60 %	6 %	5 %
Studenten	89 %	67 %	65 %	8 %	0 %

		richtig	falsch
0.	72 % finden Reisen zu teuer.	x	☐
1.	28 % sind im Urlaub nicht zu Hause.	☐	☐
2.	Am liebsten reisen die Leute mit ihrer Familie.	☐	☐
3.	Viele finden Couch-Surfing toll.	☐	☐
4.	Lehrer und Studenten liegen am liebsten am Strand.	☐	☐
5.	Studenten baden lieber als Lehrer.	☐	☐
6.	Studenten tauchen nicht so gern wie Lehrer.	☐	☐
7.	Sehr wenige Leute segeln gern.	☐	☐
8.	Studenten wandern nicht gern.	☐	☐

4 Endlich Urlaub! Lesen Sie und schreiben Sie Sätze mit *würde-*.

Punkte 5

💬 *Ich würde gern nach Spanien fahren*.⁰ (ich – nach Spanien – fahren – würde- – gern) Habt ihr auch Lust?

👍 Spanien, wie schön! _____.¹ (gehen – ins – würde- – gern – Museum – wir)

💬 Ins Museum? Aber es ist doch Sommer und die Sonne scheint! _____?² (ihr – würde- – gern – wandern – auch)

👍 Hm, ich habe eine Idee: Wir gehen alle zusammen wandern und auch in ein Museum. _____?³ (würde- – machen – du – das)

💬 Okay. Sollen wir auch Claudia und Sascha fragen? _____.⁴ (bestimmt – sie (Pl.) – würde- – mitkommen)

👍 Ich glaube, _____.⁵ (Sascha – zu Hause bleiben – lieber – würde-)

5 Sie möchten im Hotel Hamburg ein Zimmer reservieren. Schreiben Sie eine E-Mail. Antworten Sie auf die Fragen. Schreiben Sie auch eine Anrede und einen Gruß.

Punkte 8

Nehmen Sie ein Einzelzimmer oder ein Doppelzimmer? – Wie viele Nächte bleiben Sie? – Was brauchen Sie im Zimmer?

Betreff: Reservierung

9–16 Gesamttest

Name _____ Datum _____ Punkte
                                                          40

1 Was ist richtig? Kreuzen Sie an: a, b oder c. Sie hören jeden Text zweimal. Punkte 3

27 0. Wie ist das Wetter?
       a ☐ Es ist sonnig.   b ☒ Es ist windig.   c ☐ Es regnet.

28 1. Wie fährt Max zur Arbeit?
       a ☐ mit dem Fahrrad   b ☐ mit dem Auto   c ☐ mit dem Bus

29 2. Wo ist der Schlüssel?
       a ☐ in der Tasche   b ☐ unter der Zeitung c ☐ neben dem Herd

30 3. Wie soll Frau Schneider fahren?
       a ☐ an der Kreuzung links   b ☐ an der Kreuzung geradeaus   c ☐ an der Kreuzung rechts

2 Kreuzen Sie an: richtig oder falsch. Sie hören jeden Text einmal. Punkte 3

31
	richtig	falsch
0. Der ICE 202 fährt heute nicht nach Hamburg.	☐	☒
1. Sie dürfen auf Gleis 7 rauchen.	☐	☐
2. Der Pullover von Max ist braun.	☐	☐
3. Bus Nr. 90 fährt bis zur Haltestelle Rosenallee.	☐	☐

3 Was ist richtig? Kreuzen Sie an: a, b oder c. Sie hören jeden Text zweimal. Punkte 3

32 0. Sven möchte…
       a ☐ im Hotel schlafen.   b ☐ Couch-Surfing machen.   c ☒ zelten.

33 1. Torsten kann auf …
       a ☐ einem Bett schlafen.   b ☐ einer Matratze schlafen.   c ☐ einem Sofa schlafen.

34 2. Frau Rügen hat …
       a ☐ Kopfschmerzen.   b ☐ Halsschmerzen.   c ☐ Fieber.

35 3. Die Party ist am …
       a ☐ 01. Juli.   b ☐ 02. Juli.   c ☐ 03. Juli.

4 Ein Fahrradunfall. Lesen Sie den Text. Welches Wort passt? Kreuzen Sie an.

Punkte 5

Betreff: Arbeit morgen

Liebe Larissa!

Ich habe eine Frage: Ich bin gestern ☐ von ☒ mit ☐ in⁰ dem Fahrrad gefahren und hatte einen Unfall. ☐ Seit ☐ Vor ☐ Danach¹ dem Unfall tut meine Schulter weh. Morgen habe ich um 12 Uhr einen Termin ☐ vom ☐ zum ☐ beim² Arzt. Mein Fahrrad ist leider kaputt, also gehe ich ☐ mit ☐ zu ☐ bei³ Fuß. Ich brauche ca. 30 Minuten ☐ zum ☐ nach ☐ vor⁴ Arzt. Kannst du morgen zwischen 11:30 und 13:30 Uhr ☐ mit ☐ für ☐ bei⁵ mich arbeiten? Ich hoffe, du hast Zeit.

Grüße, Kirsten

---

5 In der Firma. Lesen Sie den Text und kreuzen Sie an.

Punkte 5

www.mein-praktikum.blog.de

ROBIN 98
Hallo! Ich mache seit zwei Wochen ein Praktikum bei der Firma DesigNetz. Leider dauert das Praktikum nur noch eine Woche. Ich kann hier in der Firma E-Mails schreiben, telefonieren und meine Ideen präsentieren. Ich finde meine Aufgaben super.
Letzte Woche war ich auf einer Konferenz in Basel. Die Konferenz war sehr interessant, aber leider war das Hotel gar nicht gut. Mein Einzelzimmer war sehr dunkel und die Heizung war kaputt. Aber das Frühstück war inklusive und sehr lecker! Nächste Woche erzähle ich meinen Arbeitskollegen von der Konferenz in Basel. ☺

	richtig	falsch
0. Das Praktikum dauert 3 Wochen.	☒	☐
1. Robin telefoniert nicht gern.	☐	☐
2. Robin gefällt das Praktikum gut.	☐	☐
3. Er hat in Basel Urlaub gemacht.	☐	☐
4. Er hat allein in einem Zimmer geschlafen.	☐	☐
5. Er war mit dem Frühstück nicht zufrieden.	☐	☐

6 Lesen Sie die Texte und die Aufgaben 1 bis 5. Was passt, a oder b? Kreuzen Sie an.

Punkte 5

0. Sie möchten am Samstag zum Hauptbahnhof in Köln fahren.

| Bus 89 nach Köln Hauptbahnhof Mo.–Fr. von 5 bis 22 Uhr | S1 Richtung Köln Hauptbahnhof Mo–Fr und am Wochenende von 4 bis 0 Uhr |

a ☐ www.bus-koeln.de   b ☒ www.s-und-ubahn.de

Gesamttest

1. Sie möchten ein Praktikum machen.

   | Sie suchen ein Praktikum? Schreiben Sie an praktikum@designetz.com | Mein Praktikum bei der Firma DesigNetz: Tipps und Ideen |

   a ☐ www.designetz.com/praktikum   b ☐ www.toms-blog.de

2. Sie möchten in Berlin Couch-Surfing machen.

   | Suche: Couch, alt oder neu, ca. 100 Euro | Sarah aus Berlin, Couch für Gäste, 0163 8903266 |

   a ☐ www.wohnungsmarkt.de   b ☐ www.couchsurfing-in-berlin.com

3. Sie möchten ein Doppelzimmer buchen.

   | Hotels in Wien: Einzelzimmer und Doppelzimmer | Ferienhaus für zwei Personen, 120m², pro Woche 690 Euro |

   a ☐ www.wien.de/hotels   b ☐ www.urlaub.de

4. Sie möchten eine BahnCard kaufen.

   | BahnCard25 für 62 Euro im Jahr, hier online kaufen | Berlin – München, Tickets nur 78,75 Euro mit der BahnCard25 |

   a ☐ www.bahn.de/bahncard   b ☐ www.bahn.de/tickets

5. Sie möchten abnehmen.

   | Lachen ist gesund, Buch für nur 19,90 Euro | Fitnessstudio, nur 39 Euro pro Monat |

   a ☐ www.buchfreund.de/Gesundheit   b ☐ www.no1-fitness.com

7 Mit der Bahn nach Zürich. Lesen Sie den Text und ergänzen Sie das Formular.

Punkte: 5

Ihr Freund, Yoshi Tanaka, möchte mit der Bahn nach Zürich fahren. Er möchte am Freitag, 26.06. um 13:00 Uhr in Leipzig abfahren. Er hat keine BahnCard und auch keine Kreditkarte. Kaufen Sie eine Fahrkarte für Ihren Freund.

Name, Vorname⁰	Tanaka, Yoshi		
Datum¹	_____	Abfahrt²	_____
Von³	_____	Nach	Zürich
BahnCard⁴	☐ ja ☐ nein	Sie zahlen⁵	☐ mit Kreditkarte ☐ bar

8 Sich vorstellen. Wie leben Sie? Was denken Sie?
Schreiben Sie zu jedem Punkt einen Satz.

Punkte: 5

Wohnung? – Kleidung? – Aufgaben am Arbeitsplatz? – Urlaub? – Gesundheitstipps?

9 Einweihungsparty. Schreiben Sie zu jedem Punkt ein bis zwei Sätze.

Punkte: 6

Sie sind umgezogen. Sie möchten am Samstag eine Einweihungsparty machen.
Schreiben Sie eine E-Mail an Ihre Freunde.
Schreiben Sie auch eine Anrede und einen Gruß.

Was feiern Sie? – Wann feiern Sie? – Was sollen die Gäste mitbringen?

An:
Betreff: Einweihungsparty

Modelltest Start Deutsch 1

Name	Datum	Punkte
		60 x 1,66 = 100

Hören (ca. 20 Minuten)

Dieser Test hat drei Teile. Sie hören kurze Gespräche und Ansagen. Zu jedem Text gibt es eine Aufgabe. **Lesen** Sie zuerst die Aufgabe, **hören** Sie dann den Text dazu. Kreuzen Sie die richtige Lösung an. Schreiben Sie zum Schluss Ihre Lösungen auf den **Antwortbogen**.

Teil 1

Was ist richtig? Kreuzen Sie an: a, b oder c. Sie hören jeden Text zweimal. Punkte 6

Beispiel: Wie war das Wetter in Spanien?

a [x] Es war sonnig.   b [ ] Es war bewölkt.   c [ ] Es hat geregnet.

1. Was macht Robin im Praktikum?

a [ ] kopieren   b [ ] telefonieren   c [ ] präsentieren

2. Wo ist der Bahnhof?

a [ ] an der Kreuzung geradeaus   b [ ] an der Kreuzung rechts, dann links   c [ ] an der Kreuzung links, dann geradeaus

3. Was muss Felix einkaufen?

a [ ] Milch   b [ ] Zucker   c [ ] Schokolade

4. Wann hat Herr Reudniz einen Termin?

a [ ] am Mittwoch, 24. Oktober   b [ ] am Donnerstag, 24. Oktober   c [ ] am Donnerstag, 23. Oktober

5. Wo ist der Schlüssel?

a ☐ auf dem Tisch   b ☐ im Schrank   c ☐ in der Tasche

6. Was möchte Christiane im Urlaub machen?

a ☐ mit dem Boot segeln   b ☐ in den Bergen wandern   c ☐ ein Museum besuchen

Teil 2

Kreuzen Sie an: richtig oder falsch. Sie hören jeden Text einmal.

Punkte 4

Beispiel: In Frankfurt braucht man heute keinen Regenschirm.   ☐ richtig   ☒ falsch

7. Der Zug nach Rostock fährt um 18:30 Uhr.   ☐ richtig   ☐ falsch
8. Der Bus Nr. 60 fährt heute nicht.   ☐ richtig   ☐ falsch
9. Der Supermarkt ist heute bis 20 Uhr geöffnet.   ☐ richtig   ☐ falsch
10. Ein Pullover kostet 19,90 Euro.   ☐ richtig   ☐ falsch

Teil 3

Was ist richtig? Kreuzen Sie an: a, b oder c. Sie hören jeden Text zweimal.

Punkte 5

11. Was hat Jonas?
    a ☐ eine Erkältung   b ☐ Fieber   c ☐ Kopfschmerzen

12. Wann ist das Konzert?
    a ☐ Freitag   b ☐ Samstag   c ☐ Sonntag

13. Was ist kaputt?
    a ☐ das Licht   b ☐ das Fenster   c ☐ die Heizung

14. Was nimmt Claudia mit?
    a ☐ eine Jacke   b ☐ einen Regenschirm   c ☐ Handschuhe

15. Wie fährt Alex zu Paul?
    a ☐ mit dem Fahrrad   b ☐ mit dem Bus   c ☐ mit dem Auto

Modelltest Start Deutsch 1

Lesen (ca. 25 Minuten)

Dieser Test hat drei Teile. Sie lesen eine E-Mail, eine Postkarte, Anzeigen und Schilder. Zu jedem Text gibt es Aufgaben. Kreuzen Sie die richtige Lösung an. Schreiben Sie zum Schluss Ihre Antworten auf den **Antwortbogen**.

Teil 1

Lesen Sie die beiden Texte und die Aufgaben 1–5. Kreuzen Sie an: richtig oder falsch?

Punkte: 5

Betreff: Re: Einladung Party

Hallo Hannes!

Vielen Dank für deine Einladung. Ich komme sehr gern. Ich möchte dann von Freitag bis Samstag bei dir schlafen. Mein Bus fährt Freitagabend schon um 23:30 Uhr. Das finde ich zu früh. Ich schlafe gern auf dem Sofa im Wohnzimmer oder auch auf einer Matratze.

Bis Freitag!
Torben

Beispiel: Hannes macht am Freitag eine Party. [x] richtig [ ] falsch

1. Torben kommt am Freitag um 23:30 Uhr zu Hannes. [ ] richtig [ ] falsch
2. Torben bleibt bis Samstag bei Hannes. [ ] richtig [ ] falsch

---

Liebe Oma,

ich bin in Australien! Sydney ist super. Es ist sehr heiß hier. Die Sonne scheint den ganzen Tag und es sind 36 Grad. Ich mag Sonne, aber mittags ist es hier zu heiß und ich habe oft Kopfschmerzen. Ganz wichtig für dich: Couch-Surfing ist nicht gefährlich! Rachel ist wirklich sehr nett. In drei Tagen fahre ich nach Melbourne. Dort schlafe ich in einem Hotel. Couch-Surfing ist super und das Sofa von Rachel ist bequem, aber ich schlafe lieber in einem Bett. :)

Liebe Grüße und Küsse,

Stefanie

Maria Vogel
Jakobsplatz 7
96049 Bamberg

---

3. Stefanie findet das Wetter in Australien gut. [ ] richtig [ ] falsch
4. Sie wohnt bei Rachel in Sydney. [ ] richtig [ ] falsch
5. Sie macht in Melbourne Couch-Surfing. [ ] richtig [ ] falsch

Teil 2

Lesen Sie die Texte und die Aufgaben 6–10. Wo finden Sie Ihre Informationen? Kreuzen Sie an: a oder b?

Punkte: 5

Beispiel: Sie möchten am Nachmittag von Leipzig nach Siegen fahren.

> www.ich-fahre-bahn.de
> Leipzig ▸ Siegen, Abfahrt 15:11 Uhr Gleis 7, Ankunft 21:05 Uhr Gleis 2

> www.autoreise.de
> Ich fahre um 9 Uhr von Leipzig nach Siegen. Wer kommt mit?

a [x] www.ich-fahre-bahn.de   b [ ] www.autoreise.de

6. Sie möchten eine Fahrkarte nach Amsterdam kaufen.

> www.bahn-reise.de
> Europa mit der Bahn sehen. Tickets für nur 39,90 Euro

> www.meinurlaub.de
> Besuchen Sie Amsterdam. Informationen über Hotels, Restaurants etc.

a [ ] www.bahn-reise.de   b [ ] www.meinurlaub.de

7. Sie möchten eine Regenjacke kaufen.

> www.ab-in-die-sonne.de
> Es regnet und es ist kalt? Kaufen Sie jetzt: Tickets nach Teneriffa

> www.365Tage-kleidung.com
> Sonne, Regen oder Wind – Wir haben Kleidung für jedes Wetter.

a [ ] www.ab-in-die-sonne.de   b [ ] www.365Tage-kleidung.com

8. Sie suchen ein Hotelzimmer in Berlin.

> www.zimmer-in-berlin.de
> Suchst du ein Zimmer in Berlin? Dann komm in meine WG in Berlin-Friedrichshain.

> www.hotel-gesucht.de
> Hotels in Berlin, Zimmer für nur 75 Euro, ohne Frühstück

a [ ] www.zimmer-in-berlin.de   b [ ] www.hotel-gesucht.de

9. Sie möchten eine Matratze kaufen.

> www.schlaf-gut-Tipps.de
> Schlafen Sie schlecht? Ist Ihre Matratze zu hart? Lesen Sie hier unsere Tipps.

> www.schlafzimmer.de
> Betten, Matratzen und Lampen im Angebot. Nur noch bis April!

a [ ] www.schlaf-gut-Tipps.de   b [ ] www.schlafzimmer.de

10. Sie sind in Köln und suchen den Weg zum Bahnhof.

> www.kvv-koeln.de/app
> Die App für Ihr Handy: Alle Informationen über Köln. Download hier.

> www.essentrinken-koeln.de
> Noch Zeit bis zur Abfahrt? Besuchen Sie die Restaurants und Cafés im Bahnhof Köln. Täglich von 8 bis 22 Uhr

a [ ] www.kvv-koeln.de/app   b [ ] www.essentrinken-koeln.de

Modelltest Start Deutsch 1

Teil 3

Lesen Sie die Texte und die Aufgaben 11–15. Kreuzen Sie an: richtig oder falsch.

Punkte: 5

Beispiel:

Am Hotel

Tür ist kaputt.

Sie können die Tür öffnen. ☐ richtig ☒ falsch

11. Im Museum

Fotografieren verboten!

Sie dürfen hier nicht fotografieren. ☐ richtig ☐ falsch

12. Am Supermarkt

Wir haben nächsten SONNTAG von 10 bis 18 Uhr für Sie geöffnet.

Nächsten Sonntag können Sie einkaufen. ☐ richtig ☐ falsch

13. An der Haltestelle

Bus 189
Montag bis Freitag von 6 bis 22 Uhr, Wochenende von 8 bis 18 Uhr

Sie können am Samstag um 20 Uhr mit dem Bus 189 fahren. ☐ richtig ☐ falsch

14. Am Kaffeehaus

Heute leider GESCHLOSSEN.

Sie können hier heute Kaffee trinken. ☐ richtig ☐ falsch

15. Am Bahnhof

München   13 : 15   ICE 2208
Der ICE 2208 nach München hat heute 10 Minuten Verspätung.

Der ICE 2208 kommt um 13:15 Uhr in München an. ☐ richtig ☐ falsch

Schreiben (ca. 20 Minuten)

Dieser Test hat zwei Teile. Sie füllen ein Formular aus und schreiben einen kurzen Text. Schreiben Sie zum Schluss Ihre Antworten auf den **Antwortbogen**.

Teil 1

Punkte 5

Ihr Freund, Mike Brehm, möchte im Hotel Sonne auf der Insel Sylt ein Zimmer für sich und seine Frau vom 27.–30. Juli reservieren. Seine Frau und er möchten im Hotel frühstücken und zwei Fahrräder mieten. Mike wohnt in Köln.

Helfen Sie Ihrem Freund und schreiben Sie die fünf fehlenden Informationen in das Formular. Am Ende schreiben Sie Ihre Lösung bitte auf den **Antwortbogen**.

Hotel SONNE SYLT

Name	*Brehm* ⁰	Vorname	*Mike*
Straße	*Auenweg 17*	PLZ / Ort	*50679* ▢ ¹
Wie viele Nächte?	▢ ²		

☐ Doppelzimmer   ☐ Einzelzimmer ³

☐ mit Frühstück   ☐ ohne Frühstück ⁴

Besondere Wünsche ▢ ⁵

Teil 2

Punkte 10

Sie möchten heute Abend mit einem Freund ins Restaurant gehen. Sie sind krank und können nicht. Schreiben Sie eine E-Mail an Ihren Freund.

Warum schreiben Sie? – Wie geht es Ihnen? – Wann können Sie Ihren Freund treffen?

Tipp: Schreiben Sie zu jedem Punkt ein bis zwei Sätze (ca. 30 Wörter). Schreiben Sie auch eine Anrede und einen Gruß.

Betreff:

Modelltest Start Deutsch 1

Sprechen (ca. 15 Minuten)

Dieser Test hat drei Teile. Sprechen Sie bitte in der Gruppe.

Teil 1

Sich vorstellen.

Punkte
3

Name? – Alter? – Land? – Wohnort? – Sprachen? – Beruf? – Hobby?

Teil 2

Um Informationen bitten und Informationen geben.
Nehmen Sie eine Karte. Fragen und antworten Sie in der Gruppe.

Punkte
6

Beispiel:

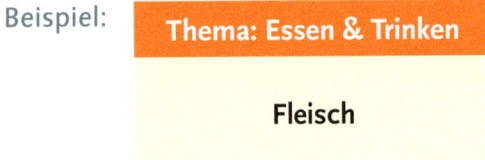

Frage: Isst du Fleisch?
Antwort: Nein, ich esse kein Fleisch.

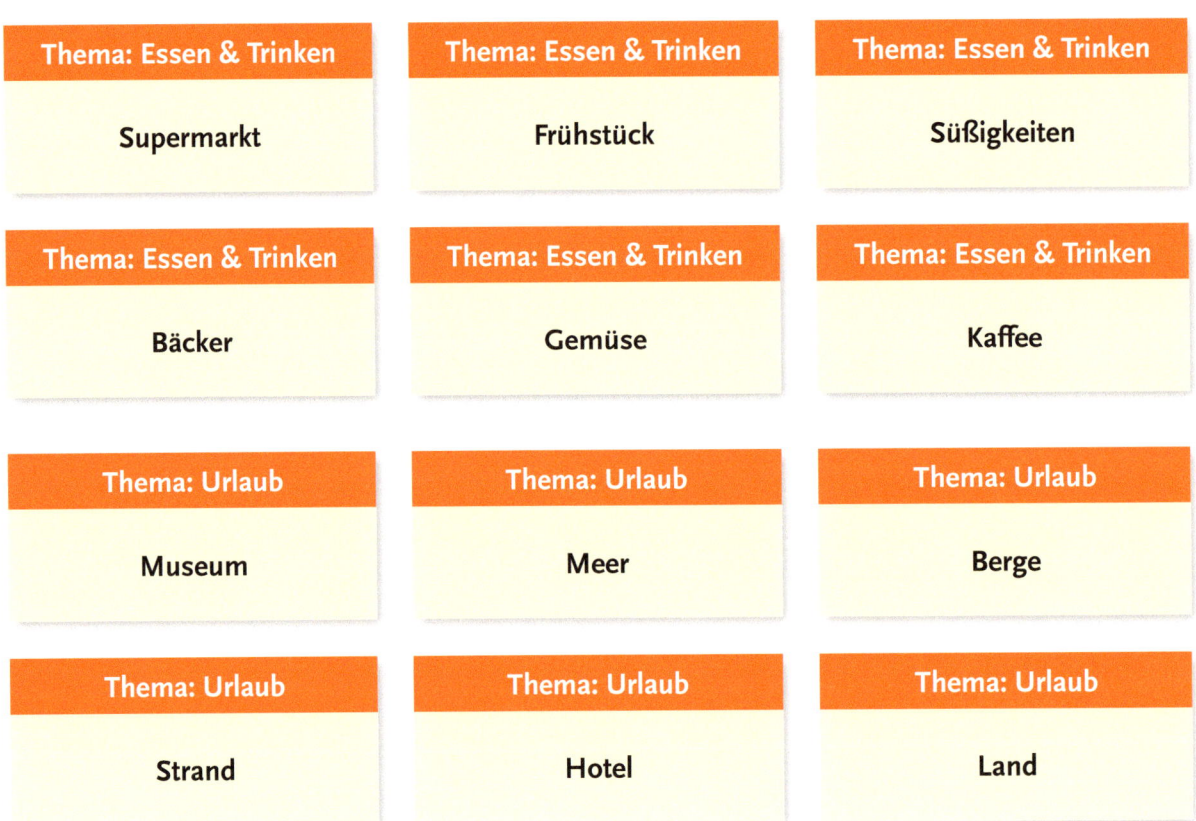

Teil 3

Bitten formulieren und darauf reagieren.

Punkte
6

Beispiel:  Frage: Ist der Stuhl frei?
Antwort: Ja, klar, bitte.

M-Ü-L-L-E-R

☎ 0160 – 90 21 08 0

Rauchen verboten!

Modelltest Start Deutsch 1 – Antwortbogen

Nachname, Vorname _____,_____

Geburtsdatum

Institution, Ort _____

Hören

Teil 1	a	b	c
1			
2			
3			
4			
5			
6			

Teil 2	Richtig	Falsch
7		
8		
9		
10		

Teil 3	a	b	c
11			
12			
13			
14			
15			

Lesen

Teil 1	Richtig	Falsch
1		
2		
3		
4		
5		

Teil 2	a	b
6		
7		
8		
9		
10		

Teil 3	Richtig	Falsch
11		
12		
13		
14		
15		

Schreiben

Teil 1

1 _____
2 _____
3 _____
4 _____
5 _____

Markieren Sie so: ✕

© 2022 Cornelsen Verlag GmbH, Berlin. Alle Rechte vorbehalten.

Hörtexte

Test 1 – Aufgabe 1
- Guten Tag, ich bin Hanna Müller. Wie heißen Sie?
- Ich heiße Otto Fröhlich.
- Entschuldigung, wie ist Ihr Familienname, bitte?
- Fröhlich. F – R – Ö – H – L – I – C – H.
- Ah, woher kommen Sie?
- Ich komme aus Österreich.
- Aus Österreich? Und wo wohnen Sie?
- Ich wohne jetzt hier in Potsdam.
- Was mögen Sie? Schokolade oder Pizza?
- Ich mag Schokolade!
- Vielen Dank.
- Bitte.

Test 2 – Aufgabe 1
- Guten Tag, wie ist Ihr Name, bitte?
- Mein Name ist Wagner, Monika Wagner.
- Danke! Was sind Sie von Beruf, Frau Wagner?
- Ich bin Studentin.
- Studentin. Woher kommen Sie?
- Ich komme aus München.
- Okay. Wie ist die Postleitzahl, bitte?
- Das ist die 80337.
- Danke und wo wohnen Sie?
- Meine Adresse ist Augsburgerstraße 15.
- Augsburgerstraße 15. Gut, danke. Und wie ist Ihre Telefonnummer?
- Meine Telefonnummer? Das ist 089 66 28 90.
- Moment, 089 66 28 90?
- Ja, richtig.
- Danke!

Test 3 – Aufgabe 1
- Entschuldigung, eine Frage, bitte!
- Ja, bitte?!
- Die Kamera hier ist nicht modern, oder?
- Richtig, die Kamera ist nicht sehr modern. Sie ist über 50 Jahre alt. Aber sie funktioniert gut.
- Ist sie teuer?
- Nein, nein. Sie kostet nur 59 Euro.
- 59 Euro? Das ist super.

- Entschuldigung, bitte?! Die Uhr hier ….
- Die?
- Ja, die Uhr ist sehr elegant. Ist sie neu?
- Das stimmt, sie ist sehr elegant. Und ja, sie ist neu. Sie kostet 350 Euro.
- 350 Euro? Das ist sehr teuer.

- Entschuldigung, sagen Sie, funktioniert der Computer hier?
- Ja, der Computer funktioniert gut, aber er ist nicht schnell. Er ist nicht modern, circa 25 Jahre alt. Aber … er kostet nur … 80 Euro.
- 80 Euro? Oh. Das ist wirklich sehr, sehr billig.

Test 4 – Aufgabe 1
- Hallo, Franzi. Wie geht es dir?
- Hi, Susanne. Super! Und dir?
- Ach, so lala! Du, Franzi … bist du in Bremen?
- In Bremen? Nein! Ich bin in Hamburg.
- In Hamburg? Nicht schlecht! Ich kenne Hamburg gut. Wie findest du den Hamburger Hafen?
- So toll! Der Hamburger Hafen ist so groß und interessant! Du kennst Hamburg? Hast du Tipps?
- Klar! Das Teehaus und das Theater sind berühmt.
- Theater – gute Idee! Theater finde ich toll. Und … ich mag Shoppen gehen.
- Shoppen in Hamburg – ein Traum! Was kaufst du denn gern?
- Ich kaufe gern Schuhe und Ketten und Kleider … Aber … ich brauche leider nur einen Hut.
- Wirklich? Na, ich glaube, du findest einen Hut in Hamburg!
- Klar! Aber jetzt möchte ich eine Tasse Tee und ein Eis. Es ist sehr heiß heute.
- Okay, dann bis bald!
- Tschüs, Susanne, bis bald!

Test 5 – Aufgabe 1
- Guten Morgen! Hier ist Radio Marburg. Wir fragen heute: Was machen Leute in der Freizeit? Kim Bohrmann ist hier. Kim, herzlich willkommen!
- Guten Morgen! Danke! Ich bin gern hier.
- Kim, was bist du von Beruf?
- Ich arbeite als Lehrerin.
- Du bist Lehrerin?!! Lehrerinnen arbeiten viel, oder?
- Ja, ich arbeite sehr viel. Aber am Wochenende habe ich frei.
- Das ist gut! Was machst du gern in der Freizeit?
- Ich mache gern Sport. Ich schwimme jeden Samstag. Am Sonntag treffe ich gern Freunde und wir wandern. Wandern ist toll.
- Ah, du magst Sport. Tanzt du auch gern?
- Oh nein. Tanzen finde ich langweilig. Aber ich mag Winter und fahre gern Ski.
- Interessant. Und kochst du gern?

Hörtexte

🗨 Oh nein! Ich koche nie. Aber mein Freund kocht sehr gern.
🗨 Und lesen? Ich glaube, du liest nicht gern. Stimmt das?
🗨 Ja, das stimmt.
🗨 Vielen Dank, Kim. Wir machen jetzt …

Test 6 – Aufgabe 1
🗨 Hallo, Karola. Ist das ein Foto?
🗨 Hi Stefan! Ja, genau! Das ist meine Familie. Möchtest du das Foto sehen? Hier ist mein Mann Tom. Wir sind schon drei Jahre verheiratet. Bist du auch verheiratet?
🗨 Nein, ich bin ledig. Aber ich habe eine Freundin. Habt ihr Kinder?
🗨 Ja, wir haben einen Sohn, Moritz. Er ist zwei Jahre alt. Schau mal!
🗨 Oh, der ist süß! Und wer ist das Mädchen hier?
🗨 Das? Das ist Sophia. Ich habe einen Bruder und das ist seine Tochter.
🗨 Ah, toll! Du hast einen Bruder. Ich habe leider keine Geschwister. Hast du auch eine Schwester?
🗨 Nein, nur einen Bruder.
🗨 Und deine Eltern?
🗨 Meine Eltern sind geschieden. Ich sehe sie leider selten. Sie wohnen in Österreich.
🗨 Bist du Österreicherin?
🗨 Ja, genau. Ich komme aus Österreich, aber jetzt wohnen meine Familie und ich in Deutschland. Du, mein Mann hat Freitag Geburtstag und wir machen eine Party. Hast du Zeit?
🗨 Ja, Freitag ist super.
🗨 Okay, dann bis Freitag!

Test 7 – Aufgabe 1
🗨 Guten Tag, Was darf es sein?
🗨 Ich hätte gern eine Tasse Kaffee.
🗨 Eine Tasse Tee …
🗨 Entschuldigung, ich möchte Kaffee nicht Tee.
🗨 Oh, natürlich. Eine Tasse Kaffee. Möchten Sie auch Zucker oder Schlagsahne?
🗨 Bitte nur Zucker, keine Schlagsahne. Und ich hätte gern noch ein Glas Wasser, bitte.
🗨 Wir haben auch Saft. Möchten Sie ein Glas?
🗨 Nein, danke, nur Wasser, bitte.
🗨 Gern. Möchten Sie auch Kuchen? Die Sachertorte ist sehr lecker.
🗨 Lieber nicht, danke. Aber haben Sie auch Salat?
🗨 Ja, wir haben Salat mit Käse.
🗨 Käse nicht so gern. Kann ich den Salat auch ohne Käse haben?
🗨 Natürlich, kein Problem. Möchten Sie auch ein Brötchen?
🗨 Nein, danke. Ich nehme nur den Salat.
🗨 Gern. Möchten Sie sonst noch etwas?
🗨 Nein, das ist alles, danke.

Test 8 – Aufgabe 1
🗨 Sandra Buschweg. Hallo?!
🗨 Hallo, ich bin's, Tine. Sandra, hast du am Samstag Zeit? Wollen wir ins Café gehen?
🗨 Ich muss am Samstag leider von morgens 6 Uhr bis nachmittags 3 Uhr arbeiten.
🗨 Um 6 Uhr? Da schlafe ich noch. Wann musst du aufstehen?
🗨 Ich stehe um halb 5 auf.
🗨 Das ist früh. Wann machst du Pause?
🗨 Die Pause? Von 9 bis halb 10 mache ich immer Pause.
🗨 Ich habe eine Idee. Du arbeitest bis 3 Uhr, also können wir um 4 Uhr ins Café gehen. Hast du Lust?
🗨 Nein, nein, das geht leider nicht. Ich muss um viertel vor 4 meine Tochter abholen. Sie geht samstags immer tanzen.
🗨 Kein Problem! Du kannst deine Tochter gern mitbringen.
🗨 Ich weiß nicht. Ich habe Samstag um 18 Uhr einen Termin. Da telefoniere ich. Um 19 Uhr esse ich mit der Familie zu Abend und um 21 Uhr gehe ich endlich schlafen.
🗨 Puh, dein Tag ist wirklich lang! Und Freitag? Wir können auch Freitag ins Café gehen.
🗨 Gern, Freitag habe ich frei.
🗨 Super, ich rufe dich an. Bis dann!
🗨 Bis dann!

Gesamttest zu den Einheiten 1 bis 8

Aufgabe 1
Beispiel
🗨 Hallo Melanie, wie geht es dir?
🗨 Hi Sascha, gut! Und dir?
🗨 Auch gut, danke. Oh, ein Foto. Wer ist das? Deine Schwester?

- Ja, genau, das ist meine Schwester Maike. Hast du auch Geschwister?
- Ja, drei Brüder!
- Drei? Wow, ich habe nur eine Schwester.
- Drei sind viel. Aber es ist immer lustig zusammen.

Nummer 1
- Guten Tag, was möchten Sie?
- Guten Tag, ich hätte gern einen Tee.
- Es tut mir leid, aber wir haben heute leider keinen Tee. Möchten Sie einen Kakao oder einen Kaffee?
- Dann nehme ich einen Kaffee. Ohne Zucker, bitte.
- Gern.

Nummer 2
- Sag mal, Tom, haben wir noch Nudeln? Britta und Max kommen morgen Abend. Ich möchte gern kochen.
- Moment ... ja, haben wir.
- Aber wir brauchen bestimmt Wein. Kaufst du noch eine Flasche?
- Okay, eine Flasche Wein – das mache ich.
- Gut, und Käse?
- Ich glaube, Max mag keinen Käse.
- Na dann brauchen wir keinen Käse ...

Nummer 3
- Hallo, Miriam. Sag mal, was machst du am Samstag?
- Meine Eltern kommen. Wir wollen am Nachmittag essen gehen. Aber abends habe ich Zeit.
- Gehen wir aus? Wir können ins Kino gehen.
- Hm, ich habe Lust auf Musik. Wollen wir tanzen gehen?
- Ja, klar, auch super! Dann bis Samstag ...

Aufgabe 2
Beispiel
Liebe Gäste, willkommen im Stage Theater hier in Hamburg. Heute um 20 Uhr sehen Sie „Das Wunder von Bern". Die Karten kosten 80 Euro.

Nummer 1
Liebe Gäste! Herzlich willkommen im Kino International. Der Film fängt in drei Minuten an. Bitte machen Sie keine Fotos und telefonieren Sie nicht. Viel Spaß beim Film!

Nummer 2
Guten Tag, hier ist Radio Köln. Endlich Freitag! Was machen Sie am Wochenende? Ich habe einen Tipp: Am Samstag können Sie hier in Köln Musik aus Brasilien hören. Ich war schon dort. Ich finde, das Konzert ist super.

Nummer 3
Liebe Kunden! Heute ist Obst besonders günstig: das Kilo Bananen für nur 1 Euro 39 und ein Kilo Äpfel für nur 1 Euro 49. Nur hier und nur diese Woche.

Aufgabe 3
Beispiel
Hallo Sabine, ich bin es – Birgit. Kannst du Dienstag für mich arbeiten? Ich habe um 12 Uhr einen Arzttermin. Um 14 Uhr kann ich wieder arbeiten. Hast du Zeit? Danke und bis später!

Nummer 1
Guten Tag, hier ist Frank Schmidt von der Firma Elektrik. Wir hatten heute um 15 Uhr einen Termin, aber Sie waren leider nicht da. Wann haben Sie Zeit? Können Sie mich bitte anrufen? Meine Telefonnummer ist 030 69 26 13.

Nummer 2
Hi Tom, ich bin's – Stefan. Ich habe am Freitag Geburtstag und möchte gern feiern. Hast du am Samstag um 20 Uhr Zeit? Ich lade viele Gäste ein. Ich hoffe, du kommst! Bis dann!

Nummer 3
Hallo, Marie! Ich muss heute bis 19 Uhr arbeiten. Kannst du bitte einkaufen gehen? Wir brauchen Brot. Bis heute Abend.

Test 9 – Aufgabe 1
- Entschuldigung, wie komme ich zur Station Potsdamer Platz?
- Zum Potsdamer Platz ... Sie müssen die U2 nehmen, die U-Bahn Richtung Friedrichstraße. Sie fahren vier Stationen und steigen an der Station Stadtmitte in die U1 um. Bis zum Potsdamer Platz fahren Sie dann noch eine Station.
- Muss ich nur einmal umsteigen?
- Ja, genau.
- Wie lange dauert die Fahrt?
- Bis zur Stadtmitte acht Minuten und dann noch circa zwei. Also circa zehn Minuten.
- Vielen Dank!

Hörtexte

Test 10 – Aufgabe 1

– Hallo Markus! Sag mal, hast du dein Praktikum schon angefangen?
– Hi Eva, klar! Ich mache schon seit einem Monat ein Praktikum bei Medial.
– Und? Was hast du schon gemacht?
– So viele Dinge: Gestern habe ich E-Mails geschrieben und mit Kollegen telefoniert.
– Hm. Und heute?
– Heute bin ich zu einer Konferenz in der Firma gegangen. Die Sekretärin ist leider zu spät gekommen. Da habe ich den Kaffee gekocht. Später habe ich Grafiken im Internet gesucht und präsentiert.
– Das klingt alles interessant! Arbeitest du denn viel allein?
– Naja, heute ja. Aber oft arbeite ich auch zusammen mit Kollegen. Die Arbeit macht wirklich Spaß! Und du? Was hast du heute gemacht?
– Ich? Ach, ich habe heute nichts gemacht …

Test 11 – Aufgabe 1

– Guten Tag! Wir haben telefoniert. Ich suche eine Wohnung.
– Guten Tag! Wir können die Wohnung gern ansehen.
– Danke! Der Flur ist ja groß! Und die Lampe ist schön!
– Hier rechts ist das Badezimmer.
– Das Bad ist klein, aber es gibt ein Fenster.
– Stimmt. Und hier ist das Kinderzimmer.
– Gemütlich! Es ist nicht zu klein und auch nicht zu laut. Was ist neben dem Kinderzimmer?
– Da ist das Schlafzimmer.
– Das ist auch schön groß, aber dunkel! Ist denn das Wohnzimmer hell?
– Ja, sehen Sie! Das Wohnzimmer hat zwei Fenster.
– Das Wohnzimmer ist wirklich toll. Aber hat die Wohnung keinen Balkon?
– Doch, es gibt einen Balkon in der Küche.
– Sehr schön! Ich bin im Sommer gern draußen. Aber ein Garten ist zu groß!
– Gefällt Ihnen die Wohnung?

Test 12 – Aufgabe 1

– Hallo, Tobi. Du bist zu spät!
– Hallo, Laura. Entschuldigung! Ich hatte einen Unfall.
– Oh nein, was ist denn passiert?
– Also, das war so. Ich bin mit dem Fahrrad auf der Straße gefahren. Ich war spät und deshalb wollte ich dich anrufen. Aber ich habe mein Handy nicht gefunden.
– Du hast dein Handy gesucht? Auf dem Fahrrad? Und dann hattest du den Unfall?
– Also, auf dem Moritzplatz haben Kinder gespielt. Plötzlich ist ihr Fußball auf die Straße geflogen. Ein Junge wollte den Fußball holen und ist vor mein Fahrrad gelaufen und ich bin vom Fahrrad gefallen.
– So ein Pech! Du Armer! Wie geht es dir denn jetzt?
– Mein Kopf tut ein bisschen weh. Der Junge hatte keine Kopfschmerzen.
– Du Armer! Nimm doch eine Tablette!
– Nein, danke! Es geht!
– Nach dem Unfall bin ich dann lieber gelaufen.
– Oh, du Armer!

Test 13 – Aufgabe 1

– Hallo, Mark. Wie geht's? Gehen wir einen Kaffee trinken? Am Freitag, den 15.? Oder lieber am Wochenende?
– Hallo, Toni! In der Woche habe ich leider gar keine Zeit. Ich bin vom 11. bis zum 15. im Urlaub. Am Samstag bin ich dann auf einer Einweihungsparty und am Sonntag bereite ich ein Fest vor.
– Ein Fest? Was feierst du denn?
– Hochzeit! Also … meine Schwester heiratet. Am 23. und ich muss noch viel organisieren. Am 22. habe ich einen Termin mit dem Fotografen.
– Oh, das ist ja toll! Du hast wirklich viele Termine im Mai. Aber am 25. hast du doch Zeit, oder?
– Ist das nicht ein Montag? Da muss ich arbeiten.
– Ja, aber am 24. und 25. Mai ist doch Pfingsten.
– Stimmt, Montag ist Feiertag! Dann können wir uns Montag treffen! 15 Uhr?
– Gut! Bis dann!

Test 14 – Aufgabe 1

Willkommen bei Inselradio. Sie haben die Nachrichten aus der Welt gehört. Und jetzt kommt das Wetter. In Berlin ist es heute grau. Es gibt viel Regen. Auch in London ist das Wetter schlecht. Hier regnet es heute Nachmittag und am Abend. Vergessen Sie Ihren Regenschirm nicht! In Zürich ist das Wetter besser. Es regnet nicht, aber es gibt viele Wolken und keine Sonne, es ist kalt. Auch in Wien brauchen Sie eine

Jacke. Hier ist es sehr windig. In Moskau brauchen Sie heute einen Wintermantel und eine Mütze. Es schneit und es ist sehr kalt. Und in Adelaide? Hier ist Sommer – die Sonne scheint bei 38 Grad.

Test 15 – Aufgabe 1
- Guten Tag, zwei Fahrkarten nach Lübeck, bitte.
- Der Zug nach Lübeck fährt um 14.38 Uhr.
- Ja, genau! Den nehmen wir.
- Gern. Haben Sie eine BahnCard?
- Ja, die BahnCard 25. Hier bitte.
- Dann eine Fahrkarte für 10,60 Euro mit BahnCard 25 und eine Fahrkarte für 14,10 Euro. Macht zusammen 24,70. Zahlen Sie bar oder mit Karte?
- Mit Kreditkarte. Wo fährt der Zug ab?
- Von Gleis 4. Ach, nein! Moment, heute fährt der Zug von Gleis 7 ab. Schauen Sie bitte auch noch einmal auf die Anzeigetafel. Vielleicht hat der Zug Verspätung. Bitte, hier sind die Fahrkarten.
- Vielen Dank! Darf man hier rauchen?
- Nein, das ist hier verboten. Sie dürfen aber auf Gleis 3 rauchen.
- Alles klar. Gibt es im Zug ein Restaurant?
- Nein, aber im Bahnhof ist ein Kiosk. Gehen Sie hier geradeaus, links sehen Sie den Kiosk.
- Vielen Dank!
- Gern. Gute Fahrt!

Test 16 – Aufgabe 1
- Hotel München, Florian Albert. Was kann ich für Sie tun?
- Guten Tag, Sarah Schmidt. Ich habe Ihr Angebot im Internet gelesen: ein Einzelzimmer für 60 Euro mit Frühstück. Haben Sie noch Zimmer frei?
- Es tut mir leid. Das Angebot gibt es nur von Juni bis August.
- Jetzt ist September. Ach, schade!
- Möchten Sie ein Doppelzimmer?
- Nein, zwei Einzelzimmer, bitte. Ich mache eine Reise mit einem Freund.
- Sind Sie beruflich hier?
- Nein, ich möchte in der Stadt bummeln und vielleicht ein Museum besuchen. Meine Eltern haben München besucht und viel erzählt. Ich war noch nie dort und freue mich: endlich Urlaub und keine Arbeit.
- Wie lange möchten Sie denn bleiben?
- Wir bleiben drei Tage, vom 5. bis 7. September, also zwei Nächte.
- Ich kann Ihnen ein Angebot für 80 Euro pro Nacht machen. Zwei Zimmer kosten 160 Euro. Das Frühstück kostet noch 7 Euro pro Person.
- Gut, dann nehme ich zwei Einzelzimmer mit Frühstück, bitte. Noch eine Frage: Gibt es Internetanschluss?
- Ja, natürlich. In unseren Zimmern finden Sie Fernseher, Internet und Radio.
- Vielen Dank!
- Sehr gern. Auf Wiederhören.

Gesamttest zu den Einheiten 9 bis 16

Aufgabe 1
Beispiel
- Sag mal, wie findest du meine Bluse?
- Schön! Aber hast du auch eine Jacke?
- Nein, ich brauche keine Jacke! Die Sonne scheint!
- Aber es ist sehr windig.
- Oh, regnet es heute Abend auch?
- Ich glaube nicht.

Nummer 1
- Hallo Steffi, kannst du mir helfen? Ich muss zur Arbeit und mein Fahrrad ist kaputt. Fährst du mit dem Auto?
- Ja, aber ich fahre erst heute Nachmittag zur Arbeit.
- Das ist zu spät.
- Nimm doch den Bus! Der Bus fährt in fünf Minuten.
- Super, das schaffe ich. Bis heute Abend!

Nummer 2
- Sag mal, Sascha, hast du meinen Schlüssel gesehen?
- Ist er nicht in deiner Tasche?
- Nein, da ist er nicht. Komisch!
- Hast du denn schon in der Küche gesucht?
- In der Küche? Moment! … Ah, ja, er liegt unter der Zeitung.

Nummer 3
- Entschuldigung, wie komme ich zur Bergstraße?
- Zur Bergstraße? Sehen Sie die Ampel dort? Sie fahren bis zur Kreuzung. Dort fahren Sie links. Dann fahren Sie immer weiter geradeaus.
- Also, geradeaus bis zur Kreuzung und dort links?
- Ja, genau und dann geradeaus.
- Vielen Dank!

Hörtexte

Aufgabe 2
Beispiel

Sehr geehrte Fahrgäste, der ICE 202 nach Hamburg hat eine Stunde Verspätung.

Nummer 1

Sehr geehrte Fahrgäste, bitte vergessen Sie nicht: das Rauchen ist im Bahnhof verboten. Die Raucherzone ist auf Gleis 7.

Nummer 2

Liebe Kunden, Max sucht seine Eltern. Max ist sieben Jahre alt. Er trägt einen Pullover und eine Hose. Der Pullover ist grau und die Hose ist blau. Bitte kommen Sie zur Information.

Nummer 3

Sehr geehrte Fahrgäste, der Bus Nr. 90 fährt heute nicht bis zum Hauptbahnhof. Bitte
steigen Sie an der Haltestelle Rosenallee in den Bus Nr. 89 um.

Aufgabe 3
Beispiel

Hi, ich bin es – Sven! Es geht um den Urlaub. Ich weiß, du möchtest gern im Hotel schlafen. Aber ich habe kein Geld. Wir müssen nicht Couch-Surfing machen. Aber können wir zelten?

Nummer 1

Hallo, Torsten, hier ist Lukas. Du wolltest bei uns Couch-Surfing machen. Du kannst gern Samstag kommen. Wir haben leider kein Bett für dich, aber wir haben ein Sofa. Das ist sehr gemütlich. Ruf mich doch bitte kurz zurück!

Nummer 2

Hallo, Britta. Mir geht es nicht gut. Ich habe seit gestern Halsschmerzen. Zum Glück habe ich aber kein Fieber. Kannst du Herrn Friedrich sagen, dass ich heute nicht zur Arbeit komme? Vielen Dank!

Nummer 3

Hey, Jonas, ich bin's, Tobi. Ich ziehe am 1. Juli um und möchte gern am 3. feiern. Hast du da Zeit? Ich hoffe, du kannst kommen. Sag mir kurz Bescheid! Bis dann!

Modelltest Start Deutsch 1

Teil 1
Beispiel

- Hallo, Petra! Wie war der Urlaub in Spanien? Und wie war das Wetter?
- Hallo, Torsten. Der Urlaub war ein Traum und das Wetter auch. Im Herbst ist es nicht mehr so heiß, aber die Sonne scheint den ganzen Tag. Es hat überhaupt nicht geregnet.
- Da hattet ihr wirklich Glück! War es denn bewölkt?
- Nein, gar nicht. Der Himmel war immer blau.

Nummer 1

- Hey, Robin, wie ist dein Praktikum?
- Das Praktikum ist super.
- Schön, was machst du denn? Anne sagt, sie muss oft kopieren. Du auch?
- Nein, nie. Aber ich muss viel telefonieren.
- Und musst du auch etwas präsentieren?
- Nein, das muss ich auch nicht machen … Oh, schon so spät. Ich muss arbeiten.

Nummer 2

- Entschuldigen Sie bitte, wie komme ich zum Bahnhof?
- Zum Bahnhof … hmm … da gehen Sie am besten bis zur Kreuzung und dann nach links und dann einfach geradeaus.
- Wo ist denn die Kreuzung?
- Bis zur Kreuzung sind es ungefähr 200 Meter.
- Also nach 200 Metern an der Kreuzung links und dann immer geradeaus?
- Ja, genau.
- Vielen Dank!

Nummer 3

- Sag mal, Marie. Hast du noch Milch? Ich möchte einen Kuchen machen, aber ich habe nicht alles hier.
- Ja, ich habe Milch. Du kannst sie gern haben.
- Das ist super, danke. Und hast du auch Zucker?
- Zucker, warte … ich habe noch 200 Gramm. Ist das okay?
- Klar, ich brauche nur 100 Gramm.
- Ich habe auch keine Schokolade.
- Schokolade habe ich auch nicht.
- Ich gehe schnell in den Supermarkt.
- Bring eine Tafel für mich mit!

Nummer 4

☐ Arztpraxis Dr. Wendler, was kann ich für Sie tun?
☐ Guten Tag, Reudniz hier. Ich brauche einen Termin.
☐ Diese Woche haben wir keine Termine mehr. Geht es nächste Woche Mittwoch um 12 Uhr?
☐ Welcher Tag ist das?
☐ Das ist der 23. Oktober.
☐ Tut mir leid, da habe ich leider keine Zeit. Geht auch der 24. Oktober um 12 Uhr?
☐ Ja, kein Problem. Also Donnerstag, den 24. Oktober um 12 Uhr.
☐ Vielen Dank.

Nummer 5

☐ Sag mal, hast du meinen Schlüssel gesehen? Ich kann ihn nicht finden.
☐ Ist er nicht in deiner Tasche?
☐ Nein ... dort ist er nicht.
☐ Dann vielleicht im Schrank?
☐ Im Schrank ... im Flur? Nein, hier ist er auch nicht. Komisch. Aaah ... hier ist er!
☐ Hast du ihn gefunden?
☐ Ja, er liegt auf dem Tisch in der Küche.

Nummer 6

☐ Hallo Christiane, bald sind Ferien! Fahrt ihr auch in den Urlaub?
☐ Ja, wir machen zwei Wochen lang Urlaub in Griechenland. Lothar möchte gern mit dem Boot segeln. Aber ich mag Boote nicht. Ich möchte lieber in den Bergen wandern.
☐ Besucht ihr auch ein Museum?
☐ Nein. Ich bin lieber in den Bergen und nicht in der Stadt.
☐ Dann viel Spaß!

Teil 2

Beispiel

Hier ist Radio Frankfurt mit dem Wetter. Die Sonne scheint, aber es ist noch sehr kalt. Ziehen Sie also eine Jacke an! Und vergessen Sie den Regenschirm nicht! Heute Abend gibt es Regen.

Nummer 7

Achtung an Gleis 2. Der ICE 201 nach Rostock, Abfahrt 18:20 Uhr hat 10 Minuten Verspätung. Ich wiederhole, der ICE 201 nach Rostock, Abfahrt 18:20 Uhr hat zehn Minuten Verspätung. Die Abfahrt ist um 18:30 Uhr von Gleis 2.

Nummer 8

Sehr geehrte Fahrgäste! Der Bus Nr. 60 Richtung Lipsiusstraße fährt heute nur bis zur Station Kurt-Eisner-Straße. Bitte steigen Sie an der Station Kurt-Eisner-Straße aus und nehmen Sie den Bus Nr. 29 bis zur Lipsiusstraße.

Nummer 9

Sehr geehrte Kunden, bitte vergessen Sie nicht unsere Öffnungszeiten: Heute nur bis 19 Uhr. Morgen sind wir wieder von 7 bis 20 Uhr für Sie da.

Nummer 10

Sehr geehrte Kunden, heute unser Angebot für Sie: Pullover in den Farben schwarz, rot und grün für nur 19,90 Euro. T-Shirts in den Farben schwarz und weiß für nur 9,90 Euro.

Teil 3

Nummer 11

Hallo, Marie, hier ist Jonas. Es tut mir leid – ich kann heute Abend nicht kommen. Ich bin seit gestern erkältet. Mir geht es sehr schlecht. Ich möchte am liebsten im Bett bleiben und schlafen. Aber wollen wir uns nächste Woche treffen? Bis dann!

Nummer 12

Hallo, Martin, hier ist Dennis. Ich bin von Freitag bis Sonntag in München. Am Freitagabend gehe ich mit Freunden ins Kino. Aber Samstagabend ist ein Konzert im Stadtpark. Hast du auch Lust? Wollen wir zusammen ins Konzert gehen?

Nummer 13

Guten Tag, Herbert Reuter hier. Die Heizung im Wohnzimmer ist seit gestern kaputt. Es ist sehr kalt hier und morgen bekomme ich Besuch. Könnten Sie bitte heute noch kommen und die Heizung reparieren? Vielen Dank.

Nummer 14

Hallo, Claudia, Thomas hier. Wir wollen ja am Wochenende am See zelten. Das Wetter ist leider nicht so schön, viel Wind und viele Wolken. Es wird also kalt. Bring am besten noch eine Jacke mit. Aber es regnet nicht. Du brauchst also keinen Regenschirm. Bis später!

Nummer 15

Hey, Paul, hier ist Alex. Ich komme leider etwas später. Mein Fahrrad ist kaputt. Ich muss mit dem Bus fahren, aber der hat Verspätung. Hier sind so viele Autos. Verrückt. Also, bis gleich!

Lösungen

1 Willkommen!

Testteil	Aufgabe	Was wird getestet?	Lösungen
Hören	1	im Interview Namen, Land, Wohnort und Dinge, die man mag, verstehen	1. a – 2. a – 3. b – 4. a
Wortschatz	2	Dinge, die man mag, ergänzen	1. Musik – 2. Technik – 3. Kunst – 4. Kino – 5. Tee
	3	Begrüßungen und Verabschiedungen zuordnen	1. Guten Tag. – 2. Guten Abend. – 3. Herzlich Willkommen! – 4. Tschüs. – 5. Gute Nacht.
	4	W-Fragen im Dialog zuordnen	1. Wie ist der Familienname? – 2. Buchstabieren Sie, bitte. – 3. Und der Vorname? – 4. Woher kommen Sie? – 5. Wo wohnen Sie?
Grammatik	5	Verben im Singular ergänzen	1. t – 2. in – 3. st – 4. e – 5. e – 6. st – 7. e – 8. st – 9. ag – 10. agst
Schreiben	6	sich vorstellen: schreiben, woher man kommt und was man mag	*Beispiel:* 1. Ich komme aus Syrien. – 2. Ich wohne in Basel. – 3. Ich mag Musik.

2 Name, Adresse, Beruf

Testteil	Aufgabe	Was wird getestet?	Lösungen
Hören	1	persönliche Angaben verstehen und ein Formular ausfüllen	1. Studentin – 2. München – 3. 80337 – 4. 15 – 5. 089 66 28 90
Wortschatz	2	Berufe ergänzen	1. Ingenieur – 2. Verkäufer – 3. Lehrerin – 4. Ärztin – 5. Elektriker
Lesen	3	Fragen und Antworten zu den Themen Berufe, Telefonnummer, Vorlieben zuordnen	1. b – 2. a – 3. a – 4. a – 5. b
	4	Informationen über Beruf und Wohnort in einem Zeitungsartikel verstehen	1. richtig – 2. richtig – 3. falsch – 4. falsch – 5. falsch
Grammatik	5	Verben – Plural ergänzen	1. ind – 2. en – 3. en – 4. e – 5. en – 6. en – 7. en – 8. en
Schreiben	6	Angaben auf einer Visitenkarte zu Name, Beruf, Wohnort in Sätzen zusammenfassen	*Beispiel*: 1. Sie arbeiten als Reinigungskräfte. – 2. Sie arbeiten bei der Firma Loftrein. – 3. Sie mögen Musik und Sport.

3 Was ist das?

Testteil	Aufgabe	Was wird getestet?	Lösungen
Hören	1	Einkaufsdialog: Informationen über Dinge und Eigenschaftsadjektive verstehen	1. a – 2. b – 3. a – 4. b – 5. b
Wortschatz	2	Dinge im Kursraum und im Büro im Plural ergänzen	1. Brillen – 2. Bleistifte – 3. Flaschen – 4. Tassen – 5. Tische – 6. Zettel
Lesen	3	Gegenstandsbeschreibung in einem Zeitschriftenartikel verstehen	1. richtig – 2. richtig – 3. falsch – 4. richtig
Grammatik	4	definite und indefinite Artikel zuordnen	1. die – 2. ein – 3. ein – 4. das – 5. ein
	5	Personalpronomen im Nominativ, Singular und Plural ergänzen	1. Er – 2. sie – 3. Es – 4. sie
Schreiben	6	Steckbrief: über Dinge schreiben	*Beispiel*: 1. Es kommt aus Deutschland. – 2. Es ist 100 Jahre alt. – 3. Es kostet 250.000 Euro.

4 Und heute: Shoppen!

Testteil	Aufgabe	Was wird getestet?	Lösungen
Hören	1	Informationen über eine Stadt verstehen; verstehen, wie jemand etwas findet	1. b – 2. a – 3. b – 4. c – 5. b
Wortschatz	2	Dinge, die jemand braucht, zuordnen	1. Kleid – 2. Jacke – 3. Tasche – 4. Lippenstift – 5. Ladekabel
Lesen	3	in einem Blogtext Informationen über eine Stadt lesen	1. richtig – 2. falsch – 3. falsch – 4. richtig – 5. richtig
Grammatik	4	Fragen und Antworten: doch; definiter und negativer Artikel – Nominativ und Plural	1. ich brauche den USB-Stick – 2. Haben Sie keine Ringe – 3. der Radiergummi ist teuer – 4. Kaufst du die Schuhe nicht
	5	definiter und indefiniter Artikel – Nominativ und Akkusativ – Singular und Plural	1. e – 2. as – 3. ie – 4. en – 5. ie
Schreiben	6	eine E-Mail mit Informationen über eine Stadt verfassen	*Beispiel*: Ich bin in Jena. Die Stadt ist klein. Aber sie ist sehr schön. Ich finde das Theater toll. Viele Grüße, Shiori

5 Tanzen oder wandern?

Testteil	Aufgabe	Was wird getestet?	Lösungen
Hören	1	in einem Radio-Interview Informationen über Freizeit und Hobbies verstehen	1. gern – 2. nicht gern – 3. gern – 4. nicht gern – 5. nicht gern
Wortschatz	2	Verben über Freizeit und Alltag ergänzen	1. spielen – 2. laufen – 3. fahren – 4. treffen – 5. hören
Lesen	3	Informationen in Anzeigen über Freizeit und Alltag verstehen	1. c – 2. e – 3. d – 4. f – 5. a
Grammatik	4	Verben mit Vokalwechsel	1. Schläfst – 2. schlafe – 3. Liest – 4. lese – 5. liest – 6. Seht – 7. sehe – 8. sieht – 9. Fährst – 10. fahre
	5	trennbare Verben; den Wochenablauf beschreiben; Präposition *am* (+ Tag)	1. Am Dienstag ruft er Frau Sánchez an. – 2. Am Mittwoch räumt er auf. – 3. Am Donnerstag lädt er Birgit ein. – 4. Am Freitag geht er aus.
Schreiben	6	anhand einer Grafik über Freizeitaktivitäten schreiben	*Beispiel*: 1. Viele fahren am Sonntag gern weg. – 2. 65 % lesen am Sonntag Bücher. – 3. Nur 20 % machen am Sonntag Sport.

6 Familie & Freunde

Testteil	Aufgabe	Was wird getestet?	Lösungen
Hören	1	Familienwörter und Nationalitäten verstehen	1. b – 2. a – 3. c – 4. b – 5. c
Wortschatz	2	Familienwörter ergänzen	1. verheiratet – 2. Geschwister – 3. Kinder – 4. Eltern – 5. Großeltern
Lesen	3	eine Einladung verstehen	1. richtig – 2. falsch – 3. falsch – 4. richtig – 5. falsch
Grammatik	4	Personalpronomen im Akkusativ, Singular und Plural	1. ihn – 2. dich – 3. es – 4. sie
	5	Präteritum von *sein*	1. war – 2. warst – 3. war – 4. Wart – 5. waren
Schreiben	6	über eine Geburtstagsfeier berichten	*Beispiel*: 1. Ich lade gerne Gäste ein. – 2. Ich mache einen Kuchen und die Gäste bringen Geschenke mit. – 3. Die Party ist immer lustig.

Lösungen

7 Kaffee oder lieber Schokolade?

Testteil	Aufgabe	Was wird getestet?	Lösungen
Hören	1	eine Bestellung im Café verstehen	1. falsch – 2. richtig – 3. falsch – 4. richtig – 5. falsch
Wortschatz	2	Verpackungen ergänzen	1. Tafel – 2. Tüte – 3. Packung – 4. Flasche – 5. Becher
Lesen	3	Aussagen darüber, was man (nicht) gern isst, verstehen	1. e – 2. b – 3. d – 4. f – 5. c
	4	einen Einkaufsdialog ergänzen	1. Darf es noch etwas sein? – 2. Was kostet das? – 3. Ich habe leider nur 50 Euro. – 4. Danke schön. Das geht so.
Grammatik	5	Modalverben *wollen* und *müssen* ergänzen	1. muss – 2. will – 3. musst – 4. willst – 5. müssen
Schreiben	6	berichten, was man vor einer Party machen will und muss	*Beispiel*: 1. Ich muss Freunde einladen. – 2. Ich will einen Kuchen machen. – 3. Ich muss einkaufen.

8 Termine, Termine …

Testteil	Aufgabe	Was wird getestet?	Lösungen
Hören	1	einen Tagesablauf verstehen	1. b – 2. a – 3. c – 4. b – 5. c
Wortschatz	2	Tageszeiten ergänzen	1. morgens – 2. abends – 3. mittags – 4. nachts – 5. vormittags
	3	Präteritum von *haben* ergänzen	1. hatten – 2. hatte – 3. Hattet – 4. hatten – 5. Hattest
Lesen	4	Angaben zu Uhrzeiten und Terminen verstehen	1. a – 2. b – 3. a – 4. a – 5. b
Grammatik	5	Modalverb *können*, Satzklammer bei Modalverben	1. wir können spät ins Bett gehen. – 2. ich kann nicht lange bleiben. – 3. Kannst du heute Abend Lisa abholen? – 4. kann ich auch kommen.
Schreiben	6	in einer E-Mail mitteilen, dass man nicht arbeiten kann	*Beispiel*: Hast du am Mittwoch Zeit? Ich habe um 13 Uhr einen Termin und kann nicht arbeiten. Kannst du für mich arbeiten? Danke! Viele Grüße, Karl

Gesamttest zu den Einheiten 1–8

Testteil	Aufgabe	Was wird getestet?	Lösungen
Hören	1	Dialoge verstehen	1. a – 2. c – 3. c
	2	Durchsagen verstehen	1. falsch – 2. richtig – 3. falsch
	3	Ansagen am Telefon verstehen	1. b – 2. b – 3. c
Wortschatz	4	Wendungen mit Verben vervollständigen	1. Hast – 2. machst – 3. treffe – 4. Magst – 5. hast
Lesen	5	einen Zeitschriftenartikel über Beruf, Freizeit und Alltag verstehen	1. richtig – 2. richtig – 3. falsch – 4. falsch – 5. richtig
	6	Anzeigen aus dem Internet verstehen	1. a – 2. b – 3. b – 4. a – 5. a
Schreiben	7	ein Formular ausfüllen	1. Yasin – 2. Gießen – 3. Hauptstraße 66 – 4. 1 – 5. 2 – 6. Nein
	8	sich vorstellen	*Beispiel*: Ich komme aus China. Ich spreche chinesisch und deutsch. Meine Familie wohnt in China. Ich habe einen Bruder. In der Freizeit treffe ich gern Freunde. Ich studiere jeden Tag von 8 bis 18 Uhr.

9 Mit dem Auto oder zu Fuß?

Testteil	Aufgabe	Was wird getestet?	Lösungen
Hören	1	Wegbeschreibung verstehen	1. b – 2. c – 3. a – 4. b – 5. c
Wortschatz	2	Verkehrsmittel ergänzen	1. Zug – 2. S-Bahn – 3. Schiff – 4. Straßenbahn – 5. zu Fuß
Lesen	3	aus einem Zeitschriftenartikel die wichtigsten Informationen über Fahrradmietstationen filtern	1. falsch – 2. falsch – 3. richtig – 4. richtig
Grammatik	4	Präpositionen *mit, aus, von bei, zu, sein, vor, nach* (+ Dativ) ergänzen	1. aus – 2. von – 3. nach – 4. beim – 5. seit – 6. zum – 7. mit – 8. nach
Schreiben	5	eine Nachricht mit einer Wegbeschreibung verfassen	*Beispiel*: Hallo! Du musst an der Station Friedrichstraße in die U2 einsteigen. Fahr eine Station bis zur Stadtmitte! Dort steigst du in die U1 um. Bis zum Spittelmarkt fährst du eine Station. Bis gleich!

10 In der Firma

Testteil	Aufgabe	Was wird getestet?	Lösungen
Hören	1	Gespräch über ein Praktikum verstehen	1. b – 2. b – 3. a – 4. c – 5. b
Wortschatz	2	Tätigkeiten am Arbeitsplatz ergänzen	1. geschrieben – 2. telefoniert – 3. kopiert – 4. präsentiert – 5. kennengelernt
Lesen	3	Anzeigen aus dem täglichen Leben verstehen	1. falsch – 2. falsch – 3. richtig – 4. falsch – 5. falsch
Grammatik	4	Verben im Perfekt ergänzen	1. gegangen – 2. geblieben – 3. gelernt – 4. gegessen – 5. organisiert
	5	Perfekt mit *haben* oder *sein* bilden	1. bin – 2. sind – 3. habe – 4. sind
Schreiben	6	einen Bericht über eine Reise verfassen	*Beispiel*: Ich war in Tokio. Die Reise war sehr lang. Im Flugzeug habe ich geschlafen und Filme geschaut. In Tokio habe ich Freunde getroffen, aber auch viele Leute kennengelernt. Das war sehr schön.

11 Mein Zuhause

Testteil	Aufgabe	Was wird getestet?	Lösungen
Hören	1	eine Wohnungsbeschreibung verstehen	1. c – 2. b – 3. b – 4. a
Wortschatz	2	Wörter zum Thema Wohnen zuordnen	1. Küche – 2. Herd – 3. Sofa – 4. Nachbarn – 5. Schrank – 6. Matratze
Lesen	3	Beschreibungen von Wohnungen und Häusern verstehen	1. b – 2. e – 3. d – 4. a
Grammatik	4	Wechselpräpositionen mit Dativ zuordnen	1. b – 2. b – 3. c – 4. a – 5. a – 6. b – 7. a – 8. c
Schreiben	5	Fragen über die eigene Wohnung in einer E-Mail beantworten	*Beispiel*: Liebe Julia! Ihr könnt im Wohnzimmer auf dem Sofa schlafen. Ich wohne leider nicht im Zentrum. Aber mit dem Bus fährt man nur 15 Minuten. Es gibt natürlich WLAN. Ihr könnt gern um 12 Uhr kommen. Liebe Grüße, Marta

Lösungen

12 Gesund und fit

Testteil	Aufgabe	Was wird getestet?	Lösungen
Hören	1	einen Unfallbericht verstehen	1. falsch – 2. richtig – 3. richtig – 4. falsch – 5. falsch
Wortschatz	2	Körperteile zuordnen	1. Füße – 2. Bauch – 3. Hand – 4. Ohren – 5. Augen – 6. Beine
Lesen	3	Gesundheitstipps verstehen	1. falsch – 2. falsch – 3. falsch – 4. richtig – 5. richtig
Grammatik	4	Satzbau: Imperativsätze formulieren	1. Sei nicht faul – 2. geh ins Fitnessstudio – 3. Nimm doch eine Tablette – 4. Trink viel Wasser – 5. Bleib lieber zu Hause – 6. schlaf viel – 7. Seien Sie viel draußen – 8. gehen Sie spazieren
Schreiben	5	Krankheiten und Körperteile beschreiben	1. Ich glaube, die Frau ist erkältet. Oder sie hat eine Allergie. – 2. Ich glaube, die Frau hatte einen Unfall. Ihr Auge ist blau. – 3. Ich glaube, der Mann hat Zahnschmerzen. Sein Zahn tut weh.

13 Andere feiern, ich arbeite.

Testteil	Aufgabe	Was wird getestet?	Lösungen
Hören	1	Datumsangaben verstehen	1. e – 2. b – 3. f – 4. d – 5. a
Wortschatz	2	Nomen und Verben über Feste und Feiertage zuordnen	1. bekommen, Geschenke – 2. schmücken, Baum – 3. tauschen, Ringe – 4. sehen, Feuerwerk – 5. Karussell fahren
Lesen	3	in einem Zeitungsartikel Informationen über ein Fest verstehen	1. richtig – 2. falsch – 3. falsch – 4. richtig – 5. falsch – 6. richtig
Grammatik	4	Personalpronomen im Dativ ergänzen	1. ihr – 2. uns – 3. dir – 4. euch – 5. mir – 6. Ihnen
Schreiben	5	über persönliche Vorlieben bei Festen schreiben	*Beispiel*: Ich mag Weihnachten. Ich schenke meiner Frau gerne Bücher. Ich bekomme auch gerne Geschenke. Ich bereite das Fest nicht gerne vor. Das macht keinen Spaß.

14 T-Shirt oder Pullover?

Testteil	Aufgabe	Was wird getestet?	Lösungen
Hören	1	einen Wetterbericht verstehen	1. e – 2. b – 3. f – 4. d – 5. a
Wortschatz	2	Komposita zum Thema Kleidung zuordnen	1. Sporthose – 2. Wintermantel – 3. Regenjacke – 4. Regenstiefel – 5. Anzughose
Lesen	3	in einer E-Mail Informationen über Reisewetter verstehen	1. falsch – 2. falsch – 3. richtig – 4. richtig – 5. falsch – 6. falsch
Grammatik	4	Sätze mit Verben mit Dativ formulieren	1. Was kann ich anziehen – 2. Sie gehört meiner Schwester – 3. sie passt dir auch – 4. Die Bluse gefällt mir sehr gut – 5. Ich danke dir – 6. Die Bluse steht dir sehr gut
Schreiben	5	eine Meinung zum Kleidungsstil verfassen, Ratschläge zu Outfits geben	*Beispiel*: … euer Outfit nicht so gut. Tine, dein Rock ist zu groß und dein T-Shirt zu klein. Zieh doch eine Bluse an! Vielleicht in weiß? Bruno, ich mag dein Hemd, aber es ist zu klein. Deine Hose finde ich super.

15 Geradeaus bis zur Ampel!

Testteil	Aufgabe	Was wird getestet?	Lösungen
Hören	1	Informationen am Bahnhof verstehen	1. b – 2. a – 3. c – 4. c – 5. b
Wortschatz	2	Nomen zum Thema Stadt und Verkehr	1. b – 2. e – 3. g – 4. c – 5. i – 6. h – 7. f – 8. d
Lesen	3	Anzeigen und Schilder am Bahnhof	1. richtig – 2. falsch – 3. falsch – 4. richtig – 5. falsch
Grammatik	4	Präpositionen *bis zu, an* (+ Dativ)	1. bis zur – 2. An der – 3. bis zum – 4. Am
Schreiben	5	Bild am Bahnhof mit den Modalverben *sollen* und *dürfen* beschreiben	*Beispiel*: An Gleis 4 darf man nicht rauchen. An Gleis 5 darf man rauchen. An Gleis 3 können die Leute einsteigen. Am Schalter kann man die Fahrkarten kaufen.

16 Endlich Urlaub!

Testteil	Aufgabe	Was wird getestet?	Lösungen
Hören	1	eine Hotelreservierung verstehen	1. c – 2. c – 3. b – 4. a – 5. a
Wortschatz	2	sich höflich beschweren: Verben und Adjektive zuordnen	1. nass – 2. Ich schicke – 3. repariert – 4. Kostenlos
Lesen	3	einen Zeitschriftenartikel mit Grafik sowie Urlaubsplänen und Freizeitaktivitäten verstehen	1. richtig – 2. falsch – 3. falsch – 4. richtig – 5. falsch – 6. falsch – 7. richtig – 8. richtig
Grammatik	4	*würde- gern* + Infinitiv	1. Wir würden gern ins Museum gehen. – 2. Würdet ihr auch gern wandern? – 3. Würdest du das machen? – 4. Sie würden bestimmt mitkommen. – 5. Sascha würde lieber zu Hause bleiben.
Schreiben	5	in einer E-Mail ein Zimmer in einem Hotel reservieren	*Beispiel*: Guten Tag! Ich möchte ein Doppelzimmer reservieren. Wir bleiben vom 23. bis 24.12. Wir brauchen ein Zimmer mit Badewanne und WLAN. Grüße, Ina Müller.

Gesamttest zu den Einheiten 9–16

Testteil	Aufgabe	Was wird getestet?	Lösungen
Hören	1	zentrale Aussagen in Dialogen verstehen	1. c – 2. b – 3. a
	2	zentrale Infos in Durchsagen verstehen	1. richtig – 2. falsch – 3. richtig
	3	Mitteilungen am Telefon verstehen	1. c – 2. b – 3. c
Grammatik	4	Präpositionen mit Dativ zuordnen	1. Seit – 2. beim – 3. zu – 4. zum – 5. für
Lesen	5	Informationen über Praktikum und Tätigkeiten am Arbeitsplatz herausfiltern	1. falsch – 2. richtig – 3. falsch – 4. richtig – 5. falsch
	6	Informationen aus Anzeigen filtern	1. a – 2. b – 3. a – 4. a – 5. b
Schreiben	7	ein Formular ausfüllen	1. 26.06. – 2. 13 Uhr – 3. Leipzig – 4. nein – 5. bar
	8	sich vorstellen	*Beispiel*: Ich wohne in einer WG. Ich trage gern T-Shirts und Hosen. Ich gehe oft auf Konferenzen und präsentiere Grafiken. Am liebsten liege ich im Urlaub am Strand. Obst und Gemüse sind wichtig für die Gesundheit.
	9	eine Einladung zur Einweihungsparty schreiben	Hallo! Ich bin umgezogen und möchte eine Einweihungsparty machen. Habt ihr nächsten Samstag Zeit? Wir treffen uns um 20 Uhr bei mir in der Fritz-Ritter-Straße 81. Ich habe Pizza und Salate hier. Könnt ihr noch Bier oder Cola mitbringen? Liebe Grüße, Michael

Lösungen

Modelltest Start Deutsch 1

Testteil	Aufgabe	Lösungen
Hören	Teil 1	1. b – 2. c – 3. c – 4. b – 5. a – 6. b
	Teil 2	7. richtig – 8. falsch – 9. falsch – 10. richtig
	Teil 3	11. a – 12. b – 13. c – 14. a – 15. b
Lesen	Teil 1	1. falsch – 2. richtig – 3. falsch – 4. richtig – 5. falsch
	Teil 2	6. a – 7. b – 8. b – 9. b – 10. a
	Teil 3	11. richtig – 12. richtig – 13. falsch – 14. falsch – 15. falsch
Schreiben	Teil 1	1. Köln – 2. 3 – 3. Doppelzimmer – 4. mit Frühstück – 5. Ich möchte zwei Fahrräder mieten.
	Teil 2	*Beispiel*: Hallo Maurice! Ich kann heute Abend leider nicht kommen. Ich bin krank. Ich habe Fieber und mir geht es sehr schlecht. Kannst du nächste Woche Samstag? Ich habe den ganzen Tag Zeit. Viele Grüße, Michaela
Sprechen	Teil 1	*Beispiel*: Mein Name ist Adèle Dubois. Ich bin 28 Jahre alt. Ich komme aus Frankreich. Die Stadt heißt Lille. Ich wohne seit einem Jahr in Japan, in Tokio. Ich spreche Französisch, Englisch, Japanisch und Deutsch. Außerdem lerne ich Koreanisch. Ich arbeite als Verkäuferin, aber nicht im Supermarkt. Ich verkaufe Kleidung. In meiner Freizeit singe ich in einer Musik-Band.
	Teil 2	*Beispiele*: **Thema: Essen und Trinken** Gehst du oft im Supermarkt einkaufen? – Ja, ich gehe jeden Tag im Supermarkt einkaufen. Was isst du gern zum Frühstück? – Ich esse gern Brötchen. Magst du Süßigkeiten? – Nein, ich esse lieber Chips. Kaufst du Brot beim Bäcker? – Nein, ich kaufe Brot im Supermarkt. Welches Gemüse magst du am liebsten? – Am liebsten esse ich Tomaten. Möchten Sie einen Kaffee? – Nein, danke, ich trinke nur Tee. **Thema Urlaub** Gehst du gern ins Museum? – Ja, ich finde Museen interessant. Schwimmst du gern im Meer? – Nein, ich kann nicht schwimmen. Gehst du gern in den Bergen wandern? – Ja, ich bin sehr gern draußen. Gehst du gern an den Strand? – Ja, ich liebe den Strand. Schläfst du gern in einem Hotel? – Hotels sind zu teuer. Ich mache lieber Couch-Surfing. In welches Land möchtest du reisen? – Ich möchte sehr gern in Griechenland Urlaub machen.
	Teil 3	*Beispiele*: Entschuldigung, wie teuer ist das Kleid? – Es kostet 29,90 Euro. Können Sie bitte Ihren Nachnamen buchstabieren? – M –Ü – L– L– E– R. Kannst du mir deine Handynummer geben, bitte? – Klar, 0160 9021080. Können wir eine Pause machen? Meine Füße tun weh. – Okay, kein Problem. Können Sie mir eine Tasse Kaffee bringen? – Ja, einen Moment. Können Sie mir die Uhrzeit sagen, bitte? – Es ist viertel nach 1. Kann ich deinen Regenschirm ausleihen? – Ja, kein Problem. Kannst du mir einen Bleistift ausleihen? – Ich habe leider nur einen Kuli. Kannst du bitte dein Zimmer aufräumen? – Ich habe keine Lust. Ich mache es morgen. Kann ich heute Nacht auf deinem Sofa schlafen? – Ja, das Sofa ist sehr bequem. Können Sie bitte an Gleis 3 rauchen? Hier ist keine Raucherzone. – Entschuldigung, das wusste ich nicht. Könnten Sie bitte die Heizung reparieren? – Natürlich, ich schicke den Haus-Service.

Bildquellenverzeichnis

Cover Thomas Roth; Shutterstock/jennyt – **S. 8** *2 von links nach rechts:* 0. Fotolia/Africa Studio; 1. Fotolia/di-design; 2. Shutterstock/Oleksiy Mark; 3. Fotolia/LiliGraphie; 4. Shutterstock/Kolopach; 5. Fotolia/Gresei – **S. 9** *5 oben* Shutterstock/aslysun; *unten* Shutterstock/cara-Foto – **S. 10** 0. Fotolia/stokkete; 1. Fotolia/contrastwerkstatt; 2. Fotolia/Minerva Studio; 3. Fotolia/Zlatan Durakovic; 4. Fotolia/WavebreakmediaMicro; 5. Fotolia/Kadmy – **S. 11** 4 Fotolia/Rido; 6 Shutterstock/Iakov Filimonov – **S. 12** *2* 0. Shutterstock/Tatiana Popova; 1. Shutterstock/Webspark; 2. Shutterstock/MichaelJayBerlin; 3. Fotolia/yamix; 4. Fotolia/Tarzhanova; 5. Shutterstock/Mayovskyy Andrew; 6. Shutterstock/Picsfive; *3* Shutterstock/Ambient Ideas – **S. 13** *5* 0. Shutterstock/A-R-T; 1. Shutterstock/Hywit Dimyadi; 2. Shutterstock/Edler von Rabenstein; 3. Shutterstock/Hemanta Kumar Raval; 4. Fotolia/Ionel Hindrean – **S. 14** *3 oben und unten:* Fotolia/Anna Lurye – **S. 16** *3 a* Fotolia/T. Linack; *b* Fotolia/Thomas Bethge; *c* Fotolia/liubovyashkir; *d* Fotolia/Petair; *e* Fotolia/Tijana; *f* Shutterstock/Anton Watman – **S. 18** *2* Fotolia/goodluz – **S. 19** *6* Fotolia/chagin – **S. 20** *2* 0. Fotolia/WimL; 1. Fotolia/B. Wylezich; 2. Fotolia/Jiri Hera; 3. Fotolia/Gvictoria; 4. Fotolia/gertrudda; 5. Fotolia/TrudiDesign – **S. 21** *4* Fotolia/Karepa – **S. 22** *2* 1. Shutterstock/Viktoria; 2. Fotolia/Andrey Kuzmin – **S. 24** *3. a* Fotolia/pepmiba; *b* Fotolia/Denis Junker; *c* Fotolia/monticellllo – **S. 25** Shutterstock/Dragon Images – **S. 28** *2* 0. Shutterstock/Pressmaster; 1. Fotolia/Oleksiy Mark; 2. Deutsche Bahn AG/Günter Jazbec; 3. Fotolia/nmann77; 4. Fotolia/flyingcowboy; 5. Fotolia/Christian Müller – **S. 30** *2* 0. Shutterstock/Yevhen Vitte; 1. Fotolia/Bacho; 2. Fotolia/Monkey Business; 3. Shutterstock/Glovatskiy; 4. Shutterstock/Sergey Nivens; 5. Shutterstock/EDHAR – **S. 32** *3 a* Clip Dealer/ArTo; *b* Shutterstock/Studio 1a Photography; *c* Fotolia/Christian Hillebrand; *d* Shutterstock/Ajay Bhaskar; *e* picture alliance/Universität J – **S. 34** *3* Fotolia/Christophe Fouquin – **S. 36** *3* Fotolia/Heinz Waldukat – **S. 38** Shutterstock/conrado – **S. 42** *3 von links nach rechts:* Fotolia/Olesia Bilkei; Fotolia/ Max Topchii; Fotolia/Dudarev Mikhail; Fotolia/jura; Shutterstock/Maridav – **U4** Fotolia/Anton Ignatenco

Inhalt CD

Track	Titel	Seite
01	Nutzerhinweis	
02	Test 1, Aufgabe 1	8
03	Test 2, Aufgabe 1	10
04	Test 3, Aufgabe 1	12
05	Test 4, Aufgabe 1	14
06	Test 5, Aufgabe 1	16
07	Test 6, Aufgabe 1	18
08	Test 7, Aufgabe 1	20
09	Test 8, Aufgabe 1	22
10	Gesamttest zu den Einheiten 1 bis 8, Aufgabe 1, Beispiel	24
11	Gesamttest zu den Einheiten 1 bis 8, Aufgabe 1, Nummer 1	24
12	Gesamttest zu den Einheiten 1 bis 8, Aufgabe 1, Nummer 2	24
13	Gesamttest zu den Einheiten 1 bis 8, Aufgabe 1, Nummer 3	24
14	Gesamttest zu den Einheiten 1 bis 8, Aufgabe 2	24
15	Gesamttest zu den Einheiten 1 bis 8, Aufgabe 3, Beispiel	24
16	Gesamttest zu den Einheiten 1 bis 8, Aufgabe 3, Nummer 1	24
17	Gesamttest zu den Einheiten 1 bis 8, Aufgabe 3, Nummer 2	24
18	Gesamttest zu den Einheiten 1 bis 8, Aufgabe 3, Nummer 3	24
19	Test 9, Aufgabe 1	28
20	Test 10, Aufgabe 1	30
21	Test 11, Aufgabe 1	32
22	Test 12, Aufgabe 1	34
23	Test 13, Aufgabe 1	36
24	Test 14, Aufgabe 1	38
25	Test 15, Aufgabe 1	40
26	Test 16, Aufgabe 1	42
27	Gesamttest zu den Einheiten 9 bis 16, Aufgabe 1, Beispiel	44
28	Gesamttest zu den Einheiten 9 bis 16, Aufgabe 1, Nummer 1	44
29	Gesamttest zu den Einheiten 9 bis 16, Aufgabe 1, Nummer 2	44
30	Gesamttest zu den Einheiten 9 bis 16, Aufgabe 1, Nummer 3	44
31	Gesamttest zu den Einheiten 9 bis 16, Aufgabe 2	44
32	Gesamttest zu den Einheiten 9 bis 16, Aufgabe 3, Beispiel	44
33	Gesamttest zu den Einheiten 9 bis 16, Aufgabe 3, Nummer 1	44
34	Gesamttest zu den Einheiten 9 bis 16, Aufgabe 3, Nummer 2	44
35	Gesamttest zu den Einheiten 9 bis 16, Aufgabe 3, Nummer 3	44
36	Modelltest Start Deutsch, Teil 1	48
37	Modelltest Start Deutsch, Teil 2	**49**
38	Modelltest Start Deutsch, Teil 3	**49**

Zeit: 43:53 Min.
Sprecherinnen und Sprecher: Christian Burggraf, Jacqueline Herrmann, Justine Seewald, Anne Schmidt
Tonstudio: Studio Kirchberg
Regie und Tontechnik: Peter Herrmann